近思录

書外話

辛德勇 著

浙江大学出版社
ZHEJIANG UNIVERSITY PRESS

图书在版编目（CIP）数据

书外话 / 辛德勇著. —杭州：浙江大学出版社，
2018.1

ISBN 978-7-308-17596-8

Ⅰ.①书… Ⅱ.①辛… Ⅲ.①图书-文集 Ⅳ.
①G256.1-53

中国版本图书馆CIP数据核字（2017）第271115号

书外话

辛德勇　著

责任编辑	王荣鑫	
责任校对	宋旭华	
封面设计	项梦怡	
出版发行	浙江大学出版社	
	（杭州市天目山路 148 号　邮政编码 310007）	
	（网址：http://www.zjupress.com）	
排　　版	浙江时代出版服务有限公司	
印　　刷	浙江海虹彩色印务有限公司	
开　　本	880mm×1230mm　1/32	
印　　张	6.25	
字　　数	145千	
版 印 次	2018年1月第1版　2018年1月第1次印刷	
书　　号	ISBN 978-7-308-17596-8	
定　　价	52.00元	

多余的话

从去年到今年年初，赶上了收获的季节，一下子集中出版了几部书，包括葛剑雄先生主编《当代学人精品》丛书中的《辛德勇卷》以及《祭獭食跖》、《书者生也》、《海昏侯刘贺》、《那些书和那些人》、《中国印刷史研究》和《蒐书记》。同时，前年出版的《制造汉武帝》，也在去年加印了一次（《那些书和那些人》和《海昏侯刘贺》在今年也连续加印了两次）。

能够在较短时间内出版印刷了这么多著作，除了出版社的积极帮助之外，更有赖众多读者的厚爱和支持。在当前中国学术界一片混沌的局面下，是这些读者的热情关注，给我以力量和信心，支撑我尽力坚守一个学者的本分，努力认真地多做一些研究工作。

正是因为各位读者的关心，其中有些著作，基于各种不同的缘由，举行了和读者见面的活动。在这些活动中，我尽量和大家谈一些书里没有写或是没有详细表述而大家又比较感兴趣的话；同时也另外撰写文稿，表述了一些这样的内容。承浙江大学出版社的美意，把这些讲稿和文稿汇集在一起出版，就有了这本小书。在上述著作中，实际涉及到的，是《海昏侯刘贺》、《那些书和那些人》、《中国印刷史研究》、《蒐书记》和《制造汉武帝》这五部书。

这些讲稿和文稿，或是对原书内容的引申和补充，或是对著述旨趣的阐发，还有我对学术研究方法和表述方式的认识。讲到的话，本来已经是书外闲话，可以写，也可以不写，现在就更没有必要多事说明了，感兴趣的读者自己来看好了。稍微啰嗦一句，就是提请各位读者注意，这里讲的只是我的真心话，无意取得所有人的认同，更不敢将其视作宇宙真理来强加于他人。我只是希望各位读者能够了解，我对相关学术问题是怎样想的，怎样看的，所以才会这样来写。我想，这对阅读和理解原书，了解我这个人和我所做的研究，是会有所帮助的。如此而已，别无他意。

2017 年 11 月 8 日晨记

目 录

爱书、觅书与用书
——《蒐书记》首发时说的话

各位女士、各位先生、各位朋友：

大家好。现在，我的小书《蒐书记》，在这里和各位朋友见面了。衷心感谢各位朋友关注此书。虽然这本书中收录的大多是"旧作"，即曾编入以前出版的几部文集，单纯就文字的内容而言，没有多大新鲜感，但我还是为它的面世，感到十分欣喜。这主要是因为九州出版社为印行此书，投入很大心力，彩图精印，制作相当考究，是到目前为止，在我出版的二十多部书中，印制最为精美的一本。

我是个地地道道的书呆子，没什么风雅的情趣，文笔枯燥，写的东西没多大市场。因此，不管有多喜爱书，多喜爱看制作典雅的好书，也从来没敢期望自己写成的文字，

拙著《蒐书记》

英国作家戴维·洛奇《小世界》上海译文本书影及附印书签

会印得这么漂亮。

在这里,首先我要感谢这本书的责任编辑李黎明先生。大家都知道,我们要想做好一件事情,最重要的,是你真心喜欢。黎明兄爱书,爱读书,爱买书,还爱读讲买书经历的文章。于是,找到我,由他动手,把我过去写的那些叙谈买书的文稿汇编到一起。在这之前,我和黎明兄素不相识,这心意实在令我感激。

在很大程度上,我是被黎明兄的诚恳所打动,才决定编选这部书。于是,我也花了一些力气,重新扫描,配置了相关的书影。九州出版社不惜工本,彩印出来。在这一点上,本书与以前收录这些文章的旧著相比,已有天渊云泥之别。各位爱书的朋友都懂的,作为一本"关于书的书",

这一点很重要。我想以前阅读过这些文稿的朋友，也能够由此获得一种全新的愉悦，这些书影会丰富人们对相关内容的体会和理解。

当然，我更要感谢来到这里和没有来到这里的读者，衷心感谢大家给我的鼓励和支持。我想，这里应该能有对我了解比较多一些的朋友，这些朋友或许明白，在今天的环境下和学术"小世界"里，我不是一个俯首帖耳、循规蹈矩的人——不管是面对官方的功令，还是围城中人的潜规则——因而在求学治学的路上，有时会遇到更多的困难，遭遇更多的阻碍。多年来，是众多读者的接受和认可，给我以最大的鼓舞，给我以坚定的信心，让我执着地以自己的脚步走在求知问学的道路上，读书，并记下心得和感触。

今天来到这里的，和我一样，都是耽嗜书籍的朋友。下面，就和各位谈谈我在这方面的一些感受。

一

在中国最大的古旧书网站"孔夫子旧书网"上，有个"中国藏书家"栏目，稀里糊涂地把我也列在了上面。尽管草根一些，没有得到组织认可，但这也是"国家级"头衔儿，真是与有荣焉。

不过，我不大喜欢这个名头儿。成名成家，是社会承认的重要体现形式。人生在世走一趟，谁都不容易，不管做什么，怎么能不想被别人承认呢？"成家"固然是好事儿，但我想把这个"藏书家"换成"爱书家"。这不仅是因为我拥有的书籍和真正意义上的藏书家有着很大的差距，名不副实，受之有愧，更重要的是，"藏书"这个称谓，不能反映我购置书籍的根本原因。

一说到"藏书",眼前总会浮现地主老
财月黑头里挖坑埋元宝的情景,是在敛存
财富。尽管古今中外的"藏书",都与财富
脱不了干系,西方也早有人把投资手段列为
"藏书"的主要动机之一,但我想各位在座
的朋友,应当和世界上绝大多数经常买书的
人一样,购置书籍,首先是、也主要是出自
对这些书本身的需要,并没有贱买贵卖倒腾
书的打算。对于经常购置书籍,也购置较多
书籍的人来说,这种对书籍本身的需要,往
往就是喜欢,这也就是"爱书"。

说到"爱书",我想在这里和大家谈谈
西方和日本一些人对中国人所说"藏书"的
叫法。我不懂西文。据日本学者介绍说,在
18 世纪,欧洲开始出现了一个可以译作"爱
书家"的称谓,这个词汇,在法文里写作
"bibliophile",具体付诸应用的时间,是
1740 年。与此相关联的"bibliophilie"一词,
日本人就用一个缘自汉文的词汇,把它译作
"爱书"(Michel Vaucaire 著、大高顺雄
译《愛書趣味》)。

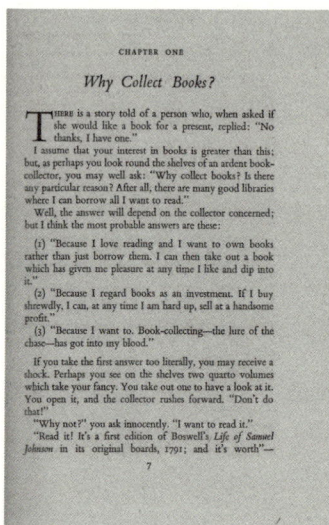

Bernard J. Farmer 著 The Gentle
Art of Book-collecting

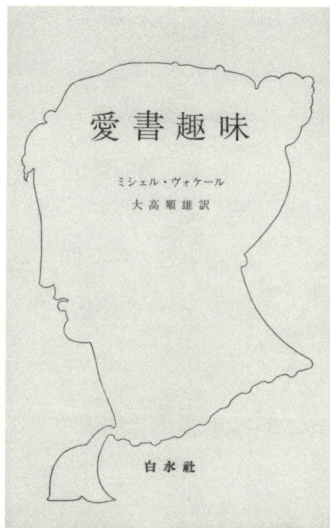

日译本 Michel Vaucaire 著 La
bibliophlie(《愛書趣味》)

要是不管在什么情况下都一律用"爱书"来替代"藏书"，当然行不通，也没必要那么好事儿。但"爱书"这个词汇，更能体现我的情怀，我想也更能体现我们这里绝大多数朋友的心意。我们爱，我们喜爱，这就是买书的理由，这也就是堆一屋子、堆一地书的理由。我们爱书，因为书就在那里。

虽然法国人在使用"bibliophilie"一词时，更准确的涵义，是指搜求和藏弄具备罕见、精美、珍贵这三项特征的书籍，但我们不必过分纠结于此。爱是与生俱来、发自内心的一种情怀，与功利世故无关；严格地说，也不受高低贵贱的约束。如果能够得到大家认可，我想当一个"爱书家"。我不是富商大贾，是一个普通的上班工薪族。我相信，和我一样，每一位普普通通的人，都会找到自己喜爱的书，都可以成为"爱书家"。爱，是你自己的事情，"爱书家"不需要有什么奢华的客观标准。

二

在座的各位朋友，要是有了孩子，或是按照国家与你们小家庭严格的"计划"而准备"生育"，那么，给已经生下来的孩子、没有生下来的孩子以及还没有创造成功的孩子取名字，实在是对父母聪明智慧和文化水平的严峻考验。

给书想个合适的名字，也是这样。可胡乱写东西，又要出版，就不能不过这一关。出一本书，还算好对付。独生子，绞尽脑汁琢磨就是了。双胞胎、两孩儿，取名儿的难度，就不止是倍增而已了。要是像我这样接二连三地炮制出一本本书来，麻烦可就大了。

自己傻自己知道，反正也取不好名字，就总想找些偷懒儿的办法。一开始，老老实实地直接用书的内容作名字，可内容又往往不够单纯，于是，就有了《古代交通与地理文献研究》《秦汉政区与边界地理研究》以及《建元与改元》这样一些名目，一副傻憨憨的面目。

与此类似的是，一本在中华书局出版的同买书、藏书有关的小书，我给取的名字，叫《读书与藏书之间》。虽然一样憨傻，但接下来出的下一本，终于找到了偷懒儿门道：加上"二集"俩儿字就得了。这也可以算作是学有师承——业师史念海先生的文集，就是第一本叫《河山集》，以后一路续下去，直到《河山集》九集。

孰知好景不长，帮助出版此书的责任编辑贾元苏女士退休了，出版社便没人再给接着出，这条轻省儿的路也就断了。后来中华书局又出版了我的历史地理学文集《旧史舆地文录》，本来也想接着出个二集、三集的。结果遇到中西书局主动约我这方面的文稿，不要补贴，稿酬、样书等还比较优厚，就把

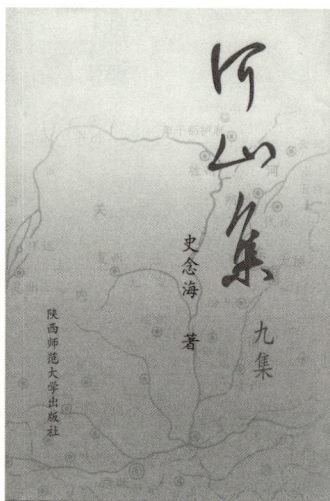

史念海先生《河山集》九集封面

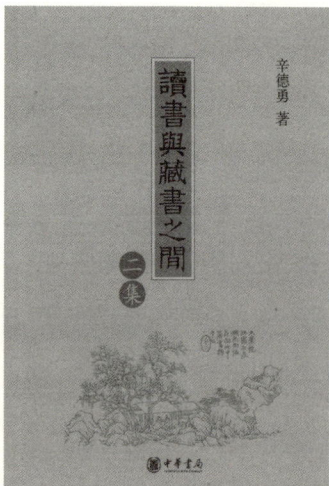

拙著《读书与藏书之间》二集封面

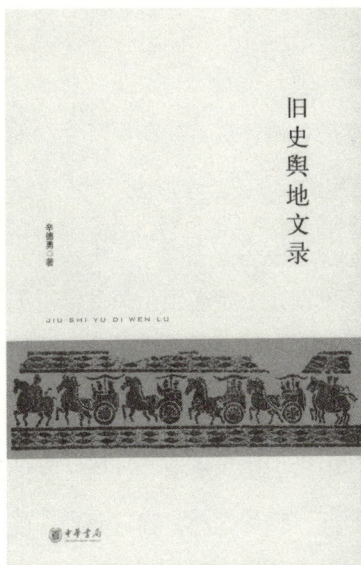

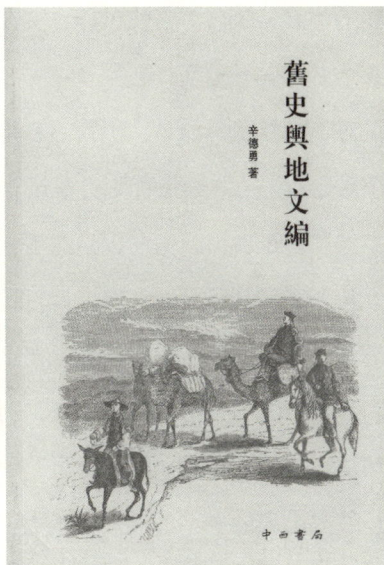

拙著《旧史舆地文录》和《旧史舆地文编》

书稿交给了这么给我面子的出版单位。起初拟定书名为《旧史舆地文录续编》，就是延续上面所说的思路。中华书局方面很大度，没有计较挪到哪儿去续的事儿，可中西书局觉得"续"得没来路，不大像样儿。人脑子一通之后，有时也会一通百通，我灵机一动，把它定名为《旧史舆地文编》，看起来没有"续"《旧史舆地文录》，实际上却还是在"续"。同时，还想好了诸如《旧史舆地文汇》《旧史舆地文存》《旧史舆地文稿》《旧史舆地文萃》等等一系列书名，同样可以"续"上好一阵子。

这次九州出版社帮助出版的这本书，内容主要是从前面出版过的相关文集中选取一部分文章编录而成的，实在不能再用这种偷懒儿省事儿的馊办法，只能勉强另取个名字。黎明兄一边儿处理稿子，一边儿耐心等待我的书名，最后，书快付印，实在不能再等了，我才好不容易憋出来这么个书名——《蒐书记》。

很对不起黎明兄的是，不管书名是不是合适，这首先在用字上给他出了个难题："蒐"不是官衙功令允准使用的字，只是勉强被列为"搜"的"异体"，正规出版的书，当然不大适合使用（先主席"一个字可以代替好几个字"的诏令，对官府排斥"蒐"字的决定一定起到了关键作用）。

不过讲远点，其实我一直主张在正式出版物中尽快恢复正体字。至唐朝初年，中国的文字就基本定型，到现在一千四百年左右了，这是一个自然演变的结果，而"简化汉字"及其附带的排斥所谓"异体字"的规定，鼓捣出来最多也不过六十年上下时间。骤然之间，强行硬造，能合情合理吗？别的大道理不讲，就其把很多本来不可能混淆的字弄得字形相近，使人一不留神就看混看错这一点（例如，"洋洋习习"，是描述清雅和谐的样态，但把"習"字简化成"习"之后，一不留神，就很容易看成是"刁民"的"刁"，这可就差得远了。再如"衣服"的"衣"与"農民"的"農"，正体字区别明显，二者绝不可能相混，可是"農"字简化之后的"农"，却与"衣"字何其相似乃尔！还有更严重的，像"金"字这个偏旁，与"水"旁之"氵"形，本亦相差甚远，可是一经简化成"钅"形，匆促之间，这两个偏旁要是一混，那影响的字可就多了去了。要是一个有文化的人去云南旅游，眼一花，把"滇池"看成"镇铊"，还挺吓人的。因为"铊"是一种杀人的兵器，大致跟"矛"也就是扎枪头儿差不多。去年年底参加一个会，会上发了本书，因无聊而闲翻，发现编纂者把王国维手书的"开宝"注为"天宝"之讹。我想未必然，说不定是编纂者看"简化字"看久了产生的错觉。因为只有在本朝的"简化字"中，"开"才长得像"天"）。就应当马上废止所谓"简化字"，迅即启用唐宋元明清历朝传承下来的正体本字，同时也名正言顺地使用像"蒐"这样好端端的字。

当然，从另一方面来说，由于近几十年来的错误习惯使然，对于很多读者来说，这个"蒐"字确实稍显生疏，甚至不知道该怎么念好，害得黎明兄不得不动脑筋在封面上直接给它注出拼音，免得让粗心的读者、特别是书籍出版之前负责审批的官员，误以为这是一本什么"鬼书"。

十分感谢黎明兄的宽容和照顾，接受了它。从事学术研究以来，我曾长期兼做学术刊物的编辑工作，明白此举颇有些冒险犯难的意味，弄不好是要被上峰查处的。之所以非找这个麻烦不可，是想通过这个书名，更清晰地表达对所谓"藏书"的另一项认识——即我更想用实现"藏书"的过程来表述这一行为，而在我看来，实现"藏书"的过程，就是"蒐书"。

在这本书的序言中，我已经对此做了说明：采用这个现在不大使用的"蒐"字，而不写成"搜书"，是想强调一下"寻觅""求索"的意象。大家熟知的"搜"字，虽然也含有相同或是相近的意思，但对我这个岁数的人来说，经历过的不该经历的事儿，实在太多了，看到"搜"字，眼前就会呈现"查抄"的景象，会联想到某个特设的"小组"，不寒而栗。买书、读书，闲情逸致而已，何必呢？不如绕开它，躲着点儿。

文字意蕴的多样性和丰富性，是在历史发展过程中自然形成的，固有其合理的因缘，只是吾国某些政府机构或是行政官员不愿意理会这个。幸好，礼失尚可求诸外洋。我手头有一本日本爱书人写的书，书名用的

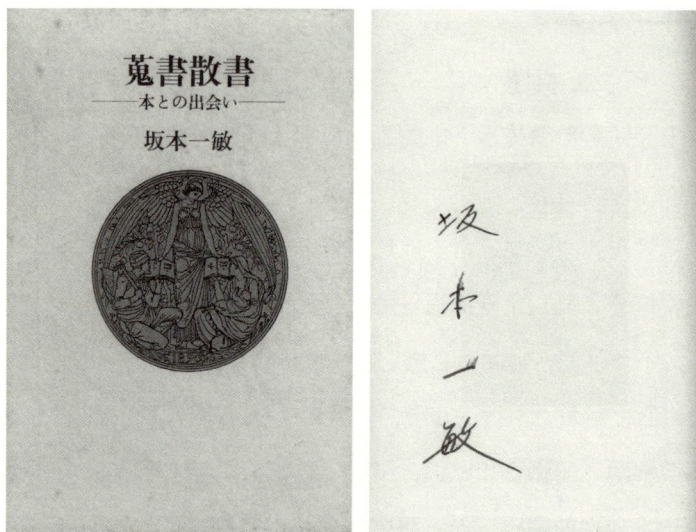

坂本一敏著《蒐書散書》（作者签名本）

就是这个字，叫《蒐書散書》（我也追星，买到的还是作者签名本）。

其实，在环宇列国最为通行的大不列颠国文字当中，在表述中国人常说的"藏书"一语时所使用的"book-collecting"，语义也应该是重在觅求，而不是藏弃。

好了，现在大家明白了，"蒐书"这个词，就其语义而言，既算不上生僻，更没有什么不好理解的深奥内涵。看到它，每一位爱书的朋友，都会想到你自己：在静谧的书店一角，在路边儿或是集市的书摊儿，在互联网上的店铺，寻寻觅觅，翻阅，悉心挑选着心爱的书籍。这些书不需要值多少钱，但我们喜欢。

三

我们爱书，我们蒐书，这是因为书对我们有用。我们因爱书而觅书、蒐书，蒐得书籍，则是要用书。

今天，在我们脚下这个国度里，对于很多很多人来说，"有用"还是"无用"，早已被简化成为"有钱"或是"没钱"，也就是能变来钱、还是变不来钱。人活着当然不能没有钱，而且多多益善。可是人生在吃饱穿暖之后，还有精神生活的需求，而精神的需求就不是仅仅有钱就能解决的问题了。为此，我们需要阅读书籍，我们也需要在手边存放有心爱的书籍。

谈到这一点，在座的朋友，有人或许会发出疑问：像你辛某人在大学教书做研究，因而会买很多看起来似乎很高端的文史专业书，既是像模像样的收藏，又可用于自己的职业。那么，我们在社会上做其他工作的人，又怎么能实现买书和用书的融通呢？

我想，这需要先回到前面我谈的第一个问题，即我们每一个爱书人对书籍的喜爱，都是自己的事儿。确认这一点，也就很容易明白，我现在说的"用书"，自然也就会有很多种不同的用法，这同样是你自个儿的事儿。

与社会上很多人相比，我觉得自己算是比较幸运的，幸运的是能够以自己情之所钟的学术研究和教书授课作为职业，谋取衣食。天赐机缘，让我得到这样的职位，而这样的机缘是很不容易遇到的，因此，我万分珍惜这份工作，努力勤勤恳恳地做好这份工作。我想，我的很多同行并不真心喜爱这样的工作。他们更想当官儿，更想做个阔商巨贾，再不济也要奴颜婢膝地挤将上去，做个帮闲钻懒的"社会贤达"，只恨老天没给他们那个福分儿而已。做古代文史研究，需要看很多书，所以我买的书，主要是这种专业用书，这些书，绝大部分或直接、或间接地用于我的研究。

我个人这种"用书"形式，乍看起来，似乎比较特别，其实也具有一定普遍性，这就是很多人都会对与自己职业相关的书籍予以一定程度的关注，并买下一些自己的专业书籍。只要静下心来稍加思忖，就会注意到书和书是不同的，不管你从事的是哪一行业的工作，尽可能挑选出好的专业书用，就会涉及前文所说"爱书""觅书""蒐书"这些观念。

不过，除了专业用书之外，更多的人，购买和阅读书籍，应该从属于自己的业余生活。书是我们享受的生活的重要组成部分。譬如，出自对文学艺术的嗜好而买书、读书，是很多人从很小到老持续不断的行为，文学艺术类书籍也就成了世界上搜求者最多的种类。

但这"文学艺术"听着好像比我的文史专业书更高大上了。人生苦海无边。理想很丰满，现实却太骨感，以至越来越多的人再也无法忍受在高尚精神追求与实际生活环境之间上天入地般的升腾与坠落，朝九晚五之外，干脆彻底回缩到看得见、摸得着的平常日子。只要别吃得太饱，走得太不是地方，即使空气中充塞尘霾，还是可以优哉游哉自成一统的。在这种存活状态下，茶余饭后的阅读，花鸟虫鱼、吹拉弹唱、养生休闲之类的书籍自不消说，就是饮食男女，花些时间多读一些书，费心选一些好书，也可以大大丰富我们的情趣，增添一些活下去的理由。日语里有个专门的词，最适合实质性地表述我想说的这个意思，叫"がんばって"。

各位千万别以为我在顺口胡说，现在给大家看几张书影，就知道我

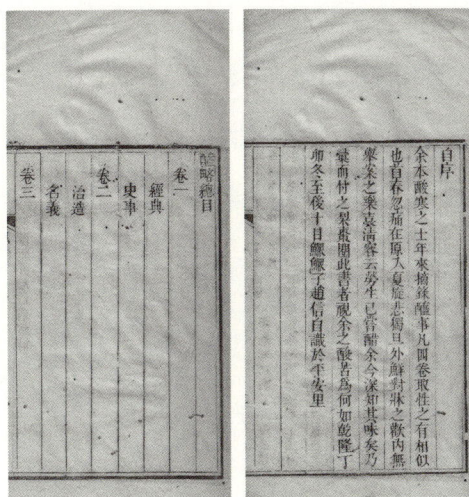

约清嘉庆刻本赵信著《醯略》

山本千代著《食事史》与《酒の书物》

也是什么书都看。

　　先说饮食方面，这本清代乾隆年间人赵信撰著的《醯略》，就是一本很少见的讲食醋的古籍，而这两部由山本千代撰著的《食事史》和《酒の书物》，都是讲究吃饭、喝酒的好书。花自己辛苦挣的钱，做"吃货"不丢人。吃好喝好，岂不快哉！你看赵珩先生的《老饕漫笔》，公然以"老饕"自号，讲得有多坦然。多买一些讲饮食的好书，包括各种食谱，把菜做得更好，饭吃得更香，同时也让吃喝变得更有意思，别有一番味道，这就是"用书"。

　　至于大雅之人绝不观瞻的情事艳史之书，我也看。食色性也，正常人都一定会看。《金瓶梅》全本，好的买不起，只买过一部廉价影印本，对付着瞧个大概。不过大家看这幅"春画"（编者按：由于一些特殊原因，本书中涉及的类似插图未能呈现），其书是用日本江户时期著名浮世绘画家铃木春信的原版印制（他作画的时候，大清朝是乾隆爷坐金銮殿），是很精美的木版画艺术品（当年我在东洋买这书时并不很贵，现在则已被中国阔佬弄得价如天高）。再看这册德国学者 Erich Wulffen 写的 Sexualspiegel von Kunst und Verbrechen，写的是什么，我根本看不懂，但有插图，看得出来，与男女之性事有关，书印得也很精美，偶然碰上，就买了下来。

世界上绝大多数著述，都开卷有益。当年那句"读书无禁区"的大白话，让我这一代人真的相信：随着春风到来的必然是春天。即使沉溺于道学先生深恶痛疾的"淫词小说"，而且真的"中了毒"，甚至路过情色场所时抑制不住看书引发的肉体冲动，花钱嫖娼吃小鲜肉，那也与暴力强奸犯罪有着天壤之别，更不会像利用权势凌辱玩弄童男少女那么令人作呕、令人唾弃。你花的是自己辛苦挣来的钱，至少在当时，这书对你的生理、心理是有舒缓和愉悦作用的。这只是你自己的事儿，不危害公众，不祸害人。

在过去的历史上，当政者往往越是躺在公权力的卧榻上糜烂腐败，越喜欢对平民百姓做神圣的道德教化，对纯属个人生活范畴之内而绝不妨害他人的行为做出神圣化的圣洁规范，动辄指使鹰犬以"道德"的名义迫害声张异议的人士。有脑子的人，很容易看破这一点，理它作甚。宅男腐女，不妨各随情之所钟、欲之所向，找到你自己有用的书自己看就是了。

我东北老家的一位大学本科同学，父母都是在胶东参加抗日斗争的老共产党员，母亲是乡村妇救会主任，但一直是普通的农民。后来翻身解放了，却违背组织意愿随随便便去黑龙江刨土坷垃种地，是因为吃不上饭，饿得实在受不了。父母从小嘱咐我这位同学："长大了，做什么都行，就是绝对不能当官儿。"我在哈尔滨火车站见过他母亲一面。迄今为止，留下的印象，在所见过的农村妇女中，是惟一的；在所有经见过的人当中，也是屈指可数的：一身布衣，浆洗得洁净严整；更让我感到洁净严整的，是老人家那一脸的自尊、自重和自信。这既有大半生辛劳的磨砺，也有烽火岁月的淬炼，真的看穿了世事。我理解，老人家不让儿子做官儿，就是免得祸害别人。

我们活得实在很卑微，我们的活法确实并不高尚，情趣或许也谈不上高雅，但我们绝不祸害人。即使自甘堕落，也比祸害人强。既然还活着，读书，就终归是有用的，至少心爱的书能多带给我们一些生意。

2017 年 1 月 13 日上午讲说于北京国际展览中心

扶桑旧书事

各位女士、各位先生、各位朋友：

大家好。今天来到这里，和大家见面，主要是因为今年年初，九州出版社刚刚帮助我把过去所写买旧书的文章汇集到一处，出版了一部专集，就是《蒐书记》这本书。很感谢九州出版社，感谢具体筹措编印出版此书的责任编辑李黎明先生，把这本书制作得如此精美，使之成为我到目前为止印制最为考究的一部著作。

《蒐书记》书中彩印的大量书影，为我笨拙的文笔，增添了不少亮色，也使这些大多已经编入过其他文集的文稿，焕然一新，呈现出另一番面貌。我们这些真心喜爱买书、藏书、读书的朋友才懂得，像这种书话性的文字，印制精良的书影，对于读者有多

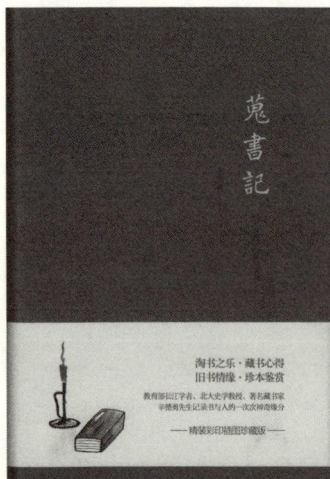

拙作《蒐书记》

么重要。透过这些书影，我们才能更为真切地贴近文章里记述的那些书籍。这些书影，不仅能够帮助我们直接观看书籍的具体形态样貌，而且还能够看到岁月沧桑在一本本书上所留下的痕迹，装帧、纸张、墨色，印章、签名、批校，无不显现出过去了的历史，那些人，那些事。

这本《觅书记》，汇集了我很多觅书、买书的纪事，拉拉杂杂，涉及很多看到的和买到的旧书古本，感兴趣的朋友可以慢慢看。

今天，在这里，我想选择几个在日本买书的话题，与大家交流。选择这方面的话题，首先是因为这本《觅书记》中列了一个专辑，名叫"得书东洋"，辑录的都是讲日本买旧书经历的文章，这也是这本书中比较有特色的一部分内容。

现在看起来，"得书东洋"这个专辑里文章讲的，都是很多年以前的事了。当时去日本买古旧书的人还不是很多，遇到的情况，有很多与今天已经有很大不同；甚至在很大程度上，我笔下写的已属陈年往事。可喜欢旧书的朋友都知道，就像我们看待旧书一样，谈一些逸闻趣事，越是陈芝麻烂谷子，越引人兴致。

另一方面，现在去日本观光旅游的人越来越多，由于近距离的接触和了解，喜欢日本的人也越来越多，购买日本商品的人也越来越多，而且也购买越来越多的日本商品。从做饭的电饭锅、喝水的杯子，到解决吃饭喝水造成的排泄物问题的马桶盖，应有尽有，能买到、也买得起的话，就买、买、买。作为现代社会的消费者，人就这么简单，也就这么实在，物美价廉是惟一的原则，不会听左半拉身子长那么一巴掌毛的人瞎忽悠。

读书人和普通消费者不一样的是，往往走到哪里都想逛书店，而喜

欢旧书的人逛旧书店的瘾更大。日本不仅是
匠人制作无上良品的国度，日本国还是旧书
瘾君子的天国，书印制得好，保存得品相好，
旧书店既多又好。为买旧书，专门去观光一
趟也值得。不过，初入花丛，很容易目乱神
迷，过来人讲讲昔日的见闻，或许对雅有同
好的朋友，能够有所帮助。

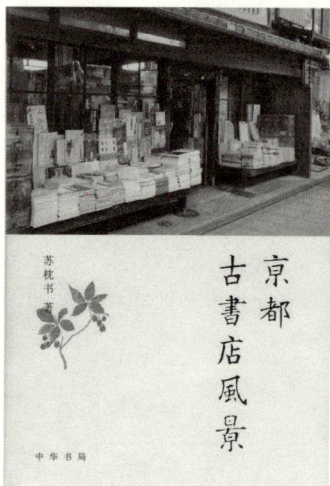

苏枕书《京都古书店风景》

在这一方面，近年已经发表或出版了一
批著述，其中尤以苏枕书女士的《京都古书
店风景》最为著名，文笔优美，叙述细致而
又能突出特点，是在日本逛旧书店最佳的指
南。不过需要指出，这本书讲的"古书店"，
实际上就是"旧书店"的意思，苏女士是直
接移用了日文词汇。当然，日本的"古书店"，
其中有一小部分也卖古书，也就是"古书"
这一词语在日本既指旧书，也包含古书。这
是去日本逛古旧书店时所应具备的一个基
本概念，希望各位朋友能够注意。

不过，买旧书这事儿，每个人关注的对
象，往往各不相同；经历和遭遇，更是形形
色色，千般百种。多一个人讲讲，就能给旧
书癖好者多提供一份预备的经验，或许也算

得上是一番先行的神游。

因此，下面我就不揣浅陋，从这本《蒐书记》中选择几个事例，在这里给大家讲讲，讲讲这些以前没有充分叙述的故事。

一、书山有路

我在日本买旧书，只去过东京、大阪和京都。这三个城市，旧书店的分布状况，也各不相同。东京可以说最集中，京都最分散，大阪则介于二者之间。京都没有明显集中的书店街（实际上是旧书店街）。大阪在梅田、难波等处有几个相对集中一些的地区，但规模也不是很大，还有很多书店，散处于城区各地。东京，有三处规模较大的书店街，一处在东京大学附近，一处在早稻田大学附近，另一处，也是东京和日本最大的书店街，就是神田的神保町。

现在大家去日本逛旧书店，只要知道地址，用谷歌地图，用 GPS 导航，甚至可以直接巡览目的地的街景，去哪里都不会有什么难处。当年虽没有这些神器，但像神保町这样的"古书店街"，还有专门的导购地图，可以按图索骥，去你想去的每一家书店，而只要心细一些，记明地址，即使是去书店街以外孤立散布的一所所旧书店，通常也不会有什么问题。日本的主要城区，走不上几步，街角就树立着附近的地图，标识清晰，错不了，也丢不了，想迷路都很不容易。

即便如此，有的时候，也会遇到一些困难。这样的情况，我只遇到过一次，而且是出于我的疏忽，自找的。这一次是去东京五反田的"古书会馆"。

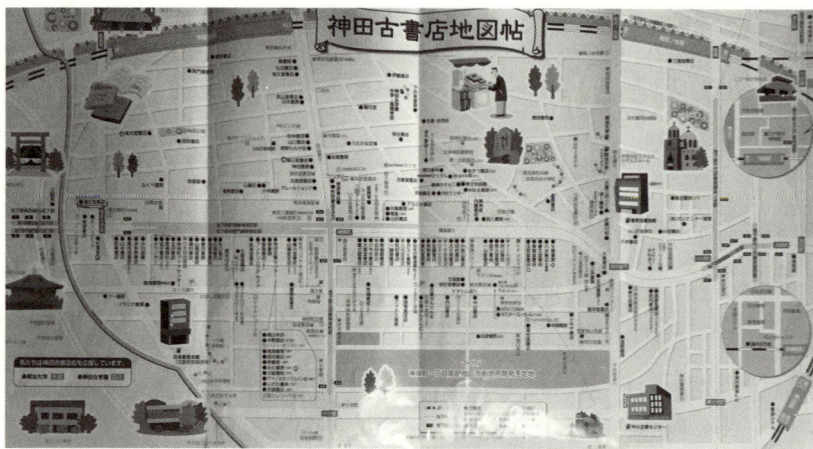

神保町古书店街地图

"古书会馆",是日本旧书业行会组织的活动地点。其重要功能之一,就是集中在周末的周五、周六这两天时间,汇聚行会内部各家书店的部分商品,举行"古书即卖会",在这里统一销售。不过请注意,日文"古书",大致相当于中文的"旧书",但也包含"古书"。"古书即卖会"上不一定都有"古书",但大多会多多少少地有那么一些"古书",特别是和刻本,有时便宜得会超出你的想象。

东京最大的古书会馆,就设在神保町,对面就是著名的明治大学。名之曰"东京古书会馆",顾名思义,这是覆盖整个东京的同业会馆(附带说一句,各位年轻的朋友要是想去日本留学,最好就是明治大学,不仅是名校,而且侧邻世界最著名的书店街,在教室里就可以俯视日本最大的古书会馆)。东京是大都市,市区各地星罗棋布地还有很多旧书店,因而也还有很多区域性的古书会馆,五反田的这所古书会馆,是"南部古书会馆",也就是东京南部区域的古旧书同业活动场所。

东京，我去过很多次，但从不满大街溜达，除了在图书馆看书，就是去书店浏览书、寻觅书。对于我来说，五反田，是个完全陌生的地名。我是在神保町逛旧书店的时候，看到粘贴的广告，注意到南部古书会馆在这个周末要举办一次"古书即卖会"。不过当时疏忽，没有记下确切的地点。本以为下了电车一问就能找到，没想到却遇到了很大困难。

我犯错误的原因，是忽视了一个重要的事实：这就是买旧书这档子事，不管在哪里，即使像日本这么爱读书的国度，终究也只是很少一小部分精神状态超常的人才有的癖好，大多数人对此毫不关心，因而也没有几个人知道"古书会馆"的所在。就连在旧书瘾君子之间大名鼎鼎的神田"东京古书会馆"，我接触到的日本研究东洋史学者，也没有几个人知道它的具体位置。

这一天，天还没亮，就淅淅沥沥地下起了小雨。下雨天，天当然是阴沉沉的，空气也湿乎乎的。天人感应，好像这都是触霉头的征兆。

在电车站附近，问了几个人，都不知道这南部古书会馆设在哪里。不知道也就罢了，这些人还都很诧异重复一遍："古书会馆？"听那语气，看那神情，好像我在向他们打听外星球上的事情，吾道之孤，竟至于是，这让我兴冲冲的兴致一下子降到了冰点。

阴雨天，我又没打伞；再加上这和在国内赶书市一样，要趁早赶上开门第一拨，耽误不得。不敢再慢慢找人问了，便去附近的警亭向警察打听。

警亭里一老一少，站着两位警察。低头行礼之后，我告诉警察，要去五反田的南部古书会馆，却没有记下具体地址，只好拜托他们帮忙。

意想不到的是，那位年长的警察马上答曰："不知道。"

警察也说"不知道"，这让我感到有些意外。我之所以没有记下南部古书会馆的具体地点，是因为知道它就在我下车的电车站附近，离这座警亭不会很远，而且这种"古书即卖会"，一年之中要在这座古书会馆里搞很多次，会汇聚一定群体的公众。所以，这个警亭工作的警察，尤其是年长的老警察，似乎应该有所了解。

于是，我很礼貌地向两位警察询问："能不能请他们帮助查询一下古书会馆的确切地址？"出乎意料的是，那位年长的警察，几乎是用训斥的口吻说道："那是你自己的事情，与我们无关。"

要是在圣朝，我当然不会向警察叔叔提出这样"非分"的要求。大家都懂的，这样的举动，不仅是无礼的冒犯，而且还十分危险。可现在是在日本，不管我是从圣朝来，还是从"腐朽没落的西方世界"来，在问路这件事上，都有权利享受日本国民同样的待遇。从第一次来日本时我就知道，有困难，找警察，而且也多次得到过日本警察的热情帮助。现在，警察就站在警亭里，国民纳税给他们发薪水，又不是让他来看雨景、听雨声的，是让他为国民服务，同时也为来到这块国土的外邦人士提供必要的帮助。你又不是圣朝的警察，怎么敢讲出我的困难是我自己的事儿这种混账话？

我一边解释，一边质问说："非常抱歉，本来我应该自己记明地址，怪我粗心，给你们添了麻烦。可现在实在找不到地方，只好麻烦你们帮忙。不过，你们身为警察，难道这不就是你们的职责吗？"

听了我反诘的话，这位警察不仅勃然大怒，干脆提高嗓音说："这不是我该做的事情。你自己的事儿自己办，别跟我讲这些。"我过去接触过的日本公务人员，包括警察，态度都极为谦和，蛮横若此，这是唯一的。由于语出意外，起初我有些愕然。稍一定神，随即厉声说道："那么，请把电话给我，同时给我你上司的电话，我问问他，你到底该不该为我提供帮助？"

一直在旁边默不作声的年轻警察，见状急忙拉开老警察，连声向我道歉，让我稍等一下，他马上帮我查找。

查找起来，确实不大容易。年轻的警察一连打了四五通电话，又拿出警亭桌上的附近区域大比例尺地图，翻来覆去，折腾好大一阵子，才在地图上明确无误地为我指明了地址——大概隔了三个街区，没走多远就到了。

这一天，大概也是我在日本买旧书最扫兴的一次行程，没找到一本得意的书。因为买旧书，就像"贼不走空"一样，空手走总不大吉利，顺手捡了本《歴史敘述の理論及歴史》。这是翻译的意大利哲学家克罗齐的著作，现在的中文译本题作《历史学的理论和历史》（其他各国的文本，如德译本和英译本，包括原始的意大利文本，要是直译，似乎都理当如此。日本学者翻译的"历史叙述"，与"历史学"虽然只有一字之差，却很耐人寻味）。哲学家的话，常人的脑袋根本看不懂，捡它关键是便宜，一大本，才 300 日元。在日本像这样便宜的旧书到处都是，所以是爱书人的乐园。

唠唠叨叨讲这么一阵，主要是想告诉没有下东洋淘过书而现在又蠢蠢欲动的朋友，万一在日本有什么困难，都可以放心找警察。像我在五反田遇到的"坏警察",是特例,一百次也碰不上一个;即使运气不好,遇到了,他也还是会为你好好服务。一个好的国家,就是这个样子。只要你遵纪守法不干坏事儿,日本警察一定善待你,绝不会随便抓你嫖娼。这样,就可以撒开欢儿找你喜欢的旧书了,什么都不必顾虑。

二、在色情书店买正经书

好了,各位朋友,现在大家清楚了,作"老外",去日本淘书,路不是问题,有好警察在,就一定能找到脚下的路,不想帮你找也要逼着他帮你找。

假如你是第一次去的话,很多人最感兴趣的,往往是色情书。古人所说"食色性也",就是说好色如好吃,是很自然的事情,这是先贤对基本人性的概括总结。特别是年轻人,这两方面的欲求都更加旺盛。日本普遍在便利店里卖色情期刊,就清楚体现出食与色二位一体的关系。但各位朋友一定要注意,随便看看,长长见识就是了。现在国府要弘扬的"国粹",并不包括"食色性也"这么精辟的认识,带这类书刊回纯净的祖国,会污染环境,是违法的,千万不要以身试法(尽管好吃并不比好色高尚,但吃货不用担心,不仅可以在日本大快朵颐,还可以携带食谱回国,没人查抄)。

虽然随便看看长长见识也无伤大雅,但我们生在红旗下,长在阳光里,不能让自己沉湎于这种原始的、和牲口差不了多少的本能需求里。我们买书是为了读书,而读书,除了丰富自己的知识之外(当然也包括食、色这两方面的知识),更要注意不断提升自己的品位,超越低级趣味，要时刻准备着，为了那啥去那啥。这些年，不知道从哪疙瘩铁匠铺里传出来一句顺口溜，说是"打铁还要自身硬"，这话可以鼓舞我们努力锻炼身体，发展体育运动，提高健康水平，但现在有机器，已经不用撸起袖子再甩着膀子打铁了。我们读书，是补脑，汲取人类知识的精华，比身体硬不硬实更重要。所以，要尽量多读些高品位的书，多买些正儿八经的好书。

日本的古旧书业，专业分化很细，色情读物，也是其中一个门类，但色情书专卖店并没有被划进特定的"红灯区"，往往是和普通书店相互混杂，毗邻而设。所以，走进色情书店，是一件很容易、也很自然的事情，常有稀里糊涂拐进去的人。我也是这样，在逛旧书店的过程中，只要精力和时间允许，就尽量不放过色情书专卖店，进去看看。

因为我不收藏色情书，对这种书店的主打商品，并没有特别的兴趣，常去看看，是想在这里捡到便宜的"正经"书。

由于专业化分工很细、也很强，专业性越强的书店店主，对自己专营项目以外的书籍，往往不甚留意，随便标个很便宜的价钱处理掉就算了。这些书，往往是他们收购自己专营书籍时连带着收到的一二零本，在这个店面里只是偶尔一见，绝不会很多，因而也就更需要细心察看。

我们这些喜欢旧书的傻瓜，绝大多数人，既不是贪官污吏，也不是富商大贾，手头儿的钱有限，想多买到一些心爱的书籍，弥补的办法，只能是多花时间，常跑多看。去色情书店找"正经"书，机遇虽然不是很多，但跑多了，也会有那么一两次小小的惊喜。

我遇到的惊喜之一，是在神保町一家色情书店里，买到一部吉川幸次郎著《元杂剧研究》。这是一部中国俗文学研究领域的名著，作者对此书也颇为自负。要是摆在一些专门经营东洋史研究书籍的店里，总要卖上几千日元，可很另类地僻处在这家光线昏暗色情书店的一角，标价只有 500 日元，实在是便宜得不得了。

便宜是便宜，但我无力研究文学，读它，只是开阔眼界和胸襟而已。与其相比，另一次买到的这本书籍，却对我的教学和研究工作提供了很大便利。

这是一本丛书中的零册。丛书是日本文化厅监修的《重要文化财》，即编录列入日本国"重要文化财"的各种古代文物，我买到的这本零册是其中"书迹·典籍·古文书"部分第Ⅳ分册之"佛典Ⅱ"，收录的是佛教典籍的旧写本和古刻本。

谈到佛教典籍的雕版印刷与中国雕版印刷术发明的关系，美国学者卡特在他的名著《中国印刷术的发明和它的西传》中，曾给予非常清晰的表述，即佛教的发展才是促成雕版印刷术产生最重要的推动力。不过，卡特的这部书虽然因其通论、通俗的性质而通

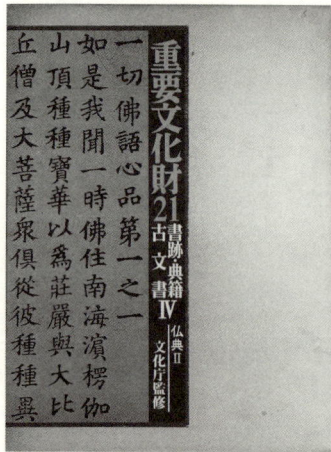

日本文化厅监修《重要文化财》之"佛典Ⅱ"分册

行较广，对此却没有做出深入的论证。实际上比卡特此书要早很多，日本学者藤田丰八和中国学者向达等人，就非常具体地论证了雕版印刷术产生于佛教徒表达信仰的需求这一历史事实。去年我出版的《中国印刷史研究》这本书，在前辈学者的基础上，对这一认识又有所深化，各位感兴趣的话，可以参看。

佛教信仰不仅促成了雕版印刷术的产生，而且也很早就把雕版印刷术广泛应用于佛经的复制、集存与流通。在这一方面，北宋初年印行的《开宝藏》，就是最好的体现。同时，佛教寺院以及信仰者在社会中的特殊地位，使得北宋以前的早期印刷品，以佛教典籍和用品存世最多。这对我们研究雕版印刷术在中国的初期发展状况，具有重大价值。

譬如，近年出现在中国拍卖市场上的北宋末刻本《妙法莲华经》和真宗大中祥符二三年间刊刻的《钱唐西湖昭庆寺结净社集》，以及台北故宫博物院藏北宋淳化咸平间刻《大方广佛华严经》等，对于我们认识北宋时期杭州民间刻书的字体，以及南宋建阳书坊通行的颜体字风格的起源，就提供了极为关键的实物依据，同时也披露了一个最佳切入点。前年秋天，我曾撰写《北宋刻本〈钱唐西湖昭庆寺结净社集〉的发现及其在版刻史研究中的价值》一文，阐释了自己的粗浅看法。

就其总体状况而言，不管是从中国古代印刷史的角度去看，还是单纯从中文古籍版本的角度来谈，对北宋时期出版印刷业状况和版刻特征，目前的研究都还十分薄弱，包括中学教科书在内社会上很多流行广泛的著述都把毕昇试用的泥活字印刷视作吾华先人所谓"四大发明"之一，就是一个典型的例证。毕昇的活字印刷在北宋时期还没有任何社会应用，

禅雁將欲醍醐
道腴舟航　覺海懺三業之口舌少讚
大眾殊軟戠之軒車未親
丈室遠承
高命伻假微詞公幹病多江潭思澀他年入
社額除陶謝之俗情令日序詩聊助
生黜之末簡時大中祥符二年冬十一
五日信州翠微亭序

杭州西湖昭慶寺結蓮社集
翰林學士承　盲蘇公施經序
翰林學士承　百宋公結社碑銘
密學大諫丁公羣賢詩序
相國向公諸賢入社詩
紫微舍人孫公結社碑陰
施華嚴經淨行品序
翰林學士承　盲中書舍人蘇易簡述

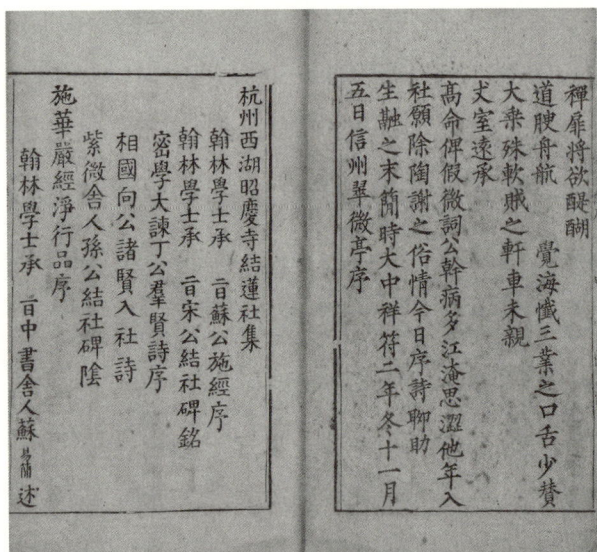

北宋刻本《钱唐西湖昭庆寺结净社集》

这是由于其技术存在致命缺陷而根本不适合应用，这一点是显而易见的，用不着花费多大力气去做研究。北宋时期印刷术的研究，实际上还只是雕版印刷术的研究。要想做好对北宋时期的雕版印刷和北宋刻本版刻特征的研究，就一定要充分重视和利用佛教典籍的刻本。

除了中国本土的收藏之外，北宋的佛典刻本，很早就大批量地传布到日本，其中一部分一直流传到今天。日本存留的这部分北宋刻本佛教典籍，在所有传世北宋佛典刻本中占据很大比例。这次我在日本色情书店买到的这本《重要文化财》的《佛典》分册，就选印了很多北宋时期刊刻的佛经，当然只是一两叶乃至三五叶的书影。对于版本学和印刷史的研究来说，往往不需要通看全书，看到一叶或是几叶书影，就能解决

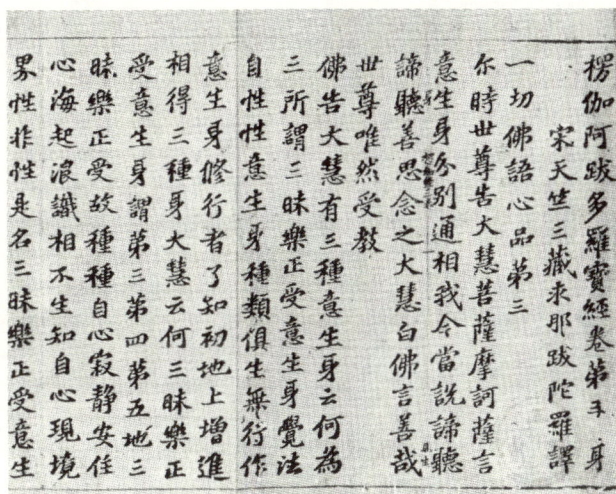

宋福州东禅寺刻《大藏经》本《楞伽经》

很大问题。

在这册《佛典》所收录的书影中，对我的研究当即产生直接作用的，是五帧福州东禅寺版《大藏经》中的《楞伽经》的照片。

我在研究唐人元稹所说当时扬州和越州一带人多递相"作书模勒乐天及予杂诗，卖于市肆之中"这句话中"模勒"二字的语义时，针对自明末人胡震亨、清乾嘉时人赵翼倡导又被晚近一批大师如胡适、傅斯年、赵万里、邓广铭、黄永年等诸位先生一直沿承下来的"雕版印刷"说，肯定伯希和先生的观点，指出"模勒"应是复制墨书手迹而非雕版印刷，盖"模勒"意即勾勒，既可用于临摹画作，也可用于描摹文字。在刻制碑志时"别书丹而双钩其文以上石"，也通称为"模勒"。在论证这一问题的过程中，就举述了这件《楞伽经》作为依据。

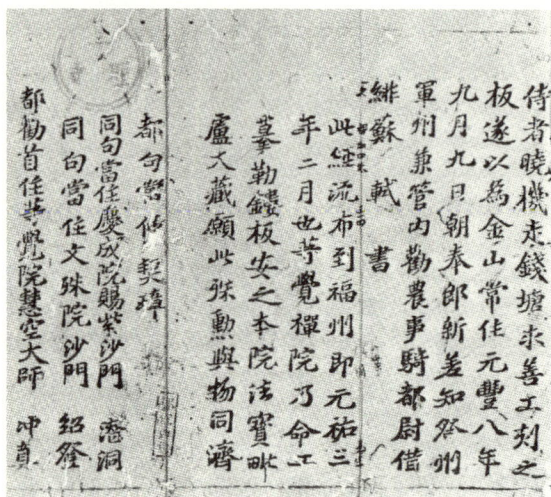

宋福州东禅寺刻《大藏经》本《楞伽经》之卷尾题记

  这是因为这件《楞伽经》，最初本是由苏轼在元丰八年手书上版，因其书法字体独特，与当时通行的普通版刻字体有明显区别，所以，当描述元祐三年在福州按照苏轼原来的字体覆刻此经的雕版技法时，乃称之为"命工摹勒镂板"。这里所说"摹勒"，是"模勒"的另一种写法，二者在语义上并没有什么区别，而"镂板"无疑是指镌刻印版。宋人在这里既然明确将"摹勒"与"镂板"对举，"摹勒"（亦即"模勒"）一词便绝不可能是指雕版印刷，只能如同刻石一样，是指按照原样来移写苏轼的书法。这部宋版《楞伽经》飘逸潇洒的苏东坡字迹，足以清楚印证这一点。北宋时人在雕版印刷过程当中既然仍是以"模勒"（摹勒）表述模仿原作书写，那么，从语言的继承性角度向前逆推，唐人似乎也不应该用这一词语来指称雕版印刷。

花费很大力气来论证这一问题，是因为这将有助于准确认识雕版印刷产生的社会原因，以及中国早期书籍雕版印刷技术在不同文化领域内的传播扩散过程。辨明这一问题，就可以清楚地说明，在元稹和白居易所生活的时代，社会上还没有如此强大的需求，足以促成雕版印刷其诗篇进行贩卖。

从另一角度来看，这部依苏轼手书墨迹原貌上版的《楞伽经》，也是版本学上所谓"写刻本"的最早渊源，而如业师黄永年先生等前辈学者，由于无缘一睹其书，便未能对这一类别版本的发生发展过程做出更加精准的说明。

这样看来，色情书店得来的书籍，同样可以为学术研究发挥很大的作用。真正的读书人，自有足够的定力，并不能因店里的主打商品过于刺激感官，就目眩神迷，忘乎所以，以致错过那些混杂其间的好书。

这本《重要文化财》的《佛典》分册，让我感到得意的，不仅是因为好书难得，对我研究古刻版本正好有用，更得意的是价格便宜：八开精装大册，一本子印制清晰的图片，买下它才花 500 日元。这当然便宜得不得了，也当然是拜色情书店之赐才能捡到的便宜。

三、在正经书店买情色书

上一节讲在"色情书店里买正经书"，所说"色情"二字，是随俗。就我个人而言，更喜欢、也更习惯采用"情色"的说法。因为在我看来，社会上通行的"色情"一语，往往带有很强烈的贬义，好像"色情"的东西就意味着下贱和堕落，正人君子不仅要避而远之，同时也是不齿言道的。其实目视所谓"色情"，就像闻沁鼻的香水、听悦耳的音乐，是人作为高级哺乳动物恒所必有的一种欲望，这很自然，也非常正常。不过，世俗社会久已习非成是，没必要强跟它拧，所以，这里就换一个词语，名以"情色"，以示区别，免得大家不管我讲什么都往下流的地方想。

即使改换成"情色"一词，我们也不能不承认，这种意识，这种思绪，其实质是基于性和性感的联想。但性本身是人正常而且必有的一种特性，基于这一特性而对情色有所关怀，有所需求，也是天经地义的。然而，人的社会属性，要求人们在这方面要有所节制，不能一任其性，为所欲为。节制的具体方式，则不外乎法律、礼仪规范和社会共同的道德准则。

问题的复杂性在于，法律、礼仪规范和社会道德准则这几道看上去坚固密实的藩篱，实际上都不是牢不可破的，在具备充分现实合理性的同时，在本质上又常常是悖戾人性、违逆人性的。因为在这一方面，一个人的行为得当与否，只应遵守一项原则，这就是对他人的充分尊重，也就是在充分尊重他人、不对他人造成影响的前提下，满足自己的欲望。进而求之，能够多给他人一分理解，一分温暖，一分爱意，当然更值得称赞。

从这一内在实质出发，我们就会发现，法律、礼仪规范和社会道德准则，常常会压抑正常的人性，严厉限制甚至惩处那些并不妨碍他人的合理行为。其中的道理很简单，社会是由很多人构成的，这些法律、礼仪规范和社会道德准则是针对大多数人设置的，对于社会上大多数人来说，非如此，便会出现很多为满足个人的欲望而影响、侵害他人的事情，是不得已而为之。

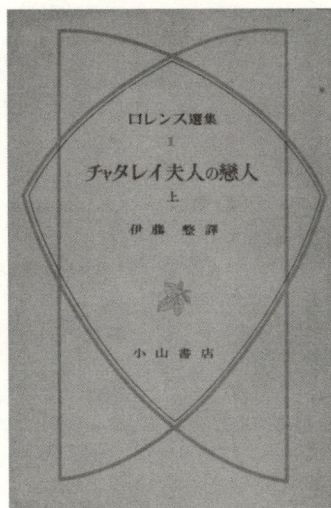

日本首次印本《チャタレイ
夫人の恋人》

毋庸置疑，任何相关的法律、礼仪规范和社会道德准则，在其形成或是制订之初，都是必要的，大多也是合理的。但伴随着社会不停前行，人们自身素质的普遍提高，社会对情色的防范和限制也日益松弛。这是一个合理的行进方向，也是一个必然的发展趋势。这一点，在对待情色读物态度上，体现得非常清楚。

我在《大东购书漫记》（已收入《蒐书记》）这篇文章中具体叙述过的日文版《查特莱夫人的情人》（《チャタレイ夫人の恋人》）的故事，就很有代表性。

我买到的这部日文译本，是在 1950 年 4 月由小山书店出版发行的。这个印本甫一面世，即被严厉查禁，同时遭到起诉。虽然仅仅过去六十多年，但现在的人似乎已经很难想象，小山书店被检方起诉的罪名，竟然是"出版猥亵书籍"。在经历长达八年的漫长审判之后，法庭判决罪名成立。这就是日本现代出版史上著名的"查特莱审判"。

日本司法当局将此书判定为"猥亵书籍"，显示出他们对这部书性质的认识，已经超逸于"色情"之上，真的是很严重的。不过我们要是看一下当时世界各国对待《查特莱夫人的情人》的态度，这并不会令人感到十分意外。

事实上，这部日文版《查特莱夫人的情人》，应该是劳伦斯这部书籍，在世界上第一次用出版国的母语正式出版的未删节版本。英国作家劳伦斯这部书完稿后，在英国国内，长期未能获准出版。此书在世界上的第一部印本，出版于意大利。有意思的是，虽然意大利政府准许出版此书，但却不能用意大利文印制，出版的是大多数人看不懂的英文版本。与此相似，法国随后也仅仅准许在其境内出版此书的英吉利文原本。现在，日本出版商竟敢公然用当地人都看得懂的文字出版这部"猥亵书籍"，当然罪不可恕。

然而，小山出版社敢于这样做，自有它的道理，这就是历史的车轮已经行进到了需要更改旧有法律和社会规范的转折点了，只不过这家出版社走得稍稍快了那么一点点而已。日本最高法院当时裁决此书属于猥亵出版物的重要理由之一，是在作者劳伦斯所居住的英国，还没有出版过保留全部情爱描写情节的全本。可是，就在这次判决下达后不到两年的1959年，美国就出版了英文版全本；接着在第二年，即1960年，英国也利用纪念劳伦斯诞生七十五周年的机会，用英文出版了全本，而小山出版社却因为出版此书，被罚得一蹶不振。

现在，在我们将其视作世界文学名著而广泛阅读的时候，很难想象这部书竟然是罪恶的"猥亵书籍"，甚至也根本不会由此联想到"色情"二字。可见，伴随着社会的进步，人们的观念会发生多么大的变化。基于这样的事实，再来看时下对"情色"读物的禁锢，或许就会有全然不同的理解。

最后补充说明一下很多人都很关心的问题：买下这部在世界出版史上很有代表性的书籍，到底花了多少钱？——非常便宜，品相净洁的两册书，书册上口还留有毛边，却只要 800 日元，简直没有不买的道理，不买就"逆天"了。

《查特莱夫人的情人》这么有名的世界文学名著都曾经被视作"猥亵书籍"，那么，可想而知，在"文学"与"色情"或是"情色"之间划出一条红线，往往并不容易。下面我再来谈谈比这《查特莱夫人的情人》更有名的《一千零一夜》。

《一千零一夜》的故事，来源和构成都很复杂，不同的版本，内容也差别很大，所以很难清楚地确定哪一种版本是标准的"全本"。不过，就各国翻译本是否删减其所依据的底本而言，中国直到 1998 年以前的所有译本，都不是全本。1998 年，河北花山文艺出版社始出版李唯中先生译自阿拉伯文所谓"布拉克本"的全译本，其后在 2006 年宁夏人民出版社又出版了这个译本的修订本。

各种翻译文本之全译与否，有各种不同的原因，但书中原本带有很多性事的描写，却是导致一些译本不能完全依照原本出版发行的重要原因之一，专门提供给少儿阅读的版本，尤其如此。这些性描写的内容，即使是在阿拉伯世界，也曾被视为淫荡的文字，并使本书受到禁止。

李唯中的译本虽然号称"全译"，但据其在宁夏版的序言中所说："因缺少大手笔的提炼、加工、抄录，传述有余，润色、修饰不足，使得这部民间文学巨著在艺术性方面留下了一定缺憾——性描写方面尤其如此。由于没有像劳伦斯、金陵笑笑生、曹雪芹那样的大手笔参与整理，故其中的性描写每每显得粗俗，缺乏艺术感。在翻译过程中，译者对有关词语、句子及段落作了适度技术处理，以期避开粗俗，提高艺术水平。"这就有点说不过去了。粗俗与否，是原作的面貌，译者绝没有权力越俎代庖予以雅化。

我在东京的一次"古书即卖会"上，曾遇到一套大场正史的日文全译本，题作《千夜一夜物语》，在 1966 年 11 月至 1967 年 6 月间由东京河出书房陆续发行。买它，首先是因为便宜，全套精装 8 册，记得大概就是几百日元。同时书中有很多妖冶的插图（系由日本画家吉泽岩美绘制），煞有风味。从内容上看，这个版本译自英文所谓"伯顿本"，据说其情色描写的浓度和分量在各个文本中也是比较突出的（据云《一千零一夜》的第一个印本并不是阿拉伯文本，而是法文的"加朗本"，主要出自叙利亚文的手稿本）。

大场正史的日译本不仅完全保持了伯顿本的固有的形态，而且还译出了约 80% 左右伯顿本的注释。大场氏译出的这部分注释，主要是笺注各项阿拉伯的风俗文化，具有很高的学术价值。当时我买下这部书，也很看重这一点。自己由于英文不行，不得已时就要利用这些日文转译的书籍。好在日本学人翻译的著作如同大部分日货一样，质量绝对可靠，不会像很多中文译本那样，与西文原著产生很大差距。

其实世界文学史上很多杰出的作品，都像《一千零一夜》一样，具有情色的描写，《十日谈》是这样，《三言两拍》和《金瓶梅》也是这样。这些情色的描写，既不可怕，也谈不上有多么肮脏；况且这些具体

《千夜一夜物语》彩色插图

的动作描写毕竟写的是生理和心理正常的人在适宜的年龄人人都会做的事儿，不知为什么做得了却写不得、也看不得。

人作为一种高等动物，其性行为技能并不是与生俱来的，需要后天的学习。我们看看野猪、大熊猫这些比人还要低级一些的动物，在从小就由人工饲养的情况下，需要看到同类动物的实际行为或是 A 片信息，才能明白自己到时候该做些什么，就会很容易明白这一点。只有很低等的动物，才会完全依赖本能实现性行为。

正视社会现实，我们就必须承认，在古代社会，文学性或是艺术性的情色表现，在很大程度上还承担着向社会大众传播性知识的功能。就这一点而言，其社会作用无疑是非常积极的，甚至是一个人成长过程中不可或缺的积极养分。不然的话，你又让他去哪里接受性启蒙教育呢？

现在是所谓"大数据"时代，不妨先拿出确切的统计数据，看看到底是看了能引发更多的性犯罪、还是啥都不看的"纯洁"粉红人类更容易产生凌辱侵害他人的变态性行为。依据科学的统计数字，才能顺情合理地订立社会规则。至少从我们今天了解过去了的历史文化的角度来看，既然它是实际的存在，不管是什么情况，都只能去阅读、去认识、去理解，没有理由回避，更不应该禁止人们接触。

好了，基于这样的认识，下面再来看看我在日本购买的两种地道日本风味的情色书籍。

一种标题正儿八经，书作《日本珍书复刻集》，是由"日本珍书研究会"汇印的三种日本古代短篇情色读物：（1）《坛之浦战记》；（2）《大东闺语》；（3）《黄素妙论》。虽不是出版社的正式出版物，但印制颇为考究：外面是和纸的书衣，内文系单面印刷，然后如线装书籍一样背对背折叠，装订成册；三种书，墨色的文字，印制在不同颜色边框和人物图案的背景上，很是精雅。当时仅限印 500 部，现在想找一册已经不大容易，故标价 3000 日元，我还是毫不犹豫地将其收下。

书中虽然没有标识具体的印制时间，但书前所印"日本珍书研究会"的"解说"，特别讲到，这些书过去曾被那些见识卑劣的道学先生们视作"猥本"，同时还受到日本旧军政府的禁止，现在终于得到解放。由此可以看出，应是印行于第二次世界大战结束之后不久。这里特别值得注意的是战时日本军国主义统治者对情色读物的态度。环顾人类的历史，统治者往往越是专治，自身往往越是堕落，对民众的道德要求，也就格

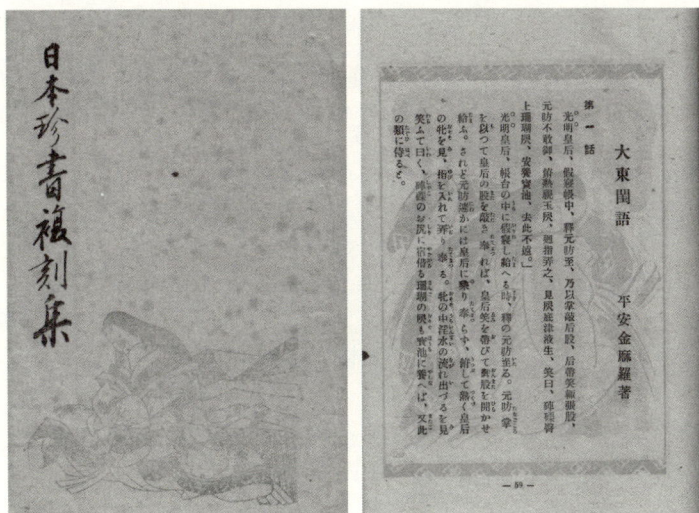

《日本珍书复刻集》封面与内文

外圣洁；对民众正常人性和合理需求的压抑，也就愈加严苛。

其中《黄素妙论》一书，是以黄帝和素女问答的形式，讲述两性交合的技巧，与其说是情色的描写，不如说更近似性爱技术指南，或者说房中术性质的著述。篇末称系依据大明原本而加以通俗讲说，故与汉文本同名明人著述（李零先生主编的《中国方术概观·房中卷》，即收录有汉文本《黄素妙论》），有同有不同。书中题写的作者姓名，是日人苦斋道三。

由这本《黄素妙论》，我们看到了中日两国在这类读物上的联系，下面再来谈谈日本最具特色的情色读物——浮世绘当中的春画（春宫画），看看日本春画与中国春画的差异。

浮世绘是地地道道的大和版画艺术，繁盛于江户时代的元禄时期。

由于在初期阶段它的接受对象主要是庶民，所以大量的春画是为了迎合庶民的口味。浮世绘的题材，绝不仅仅是春画，但春画确实是其中的重要构成部分，而且是最有特色的一项内容。

近代以来，西方艺术爱好者和对性文化感兴趣的人，纷纷买入浮世绘，特点鲜明的春画尤其受到这些欧美人的喜爱，于是浮世绘精品大量流入西方，春画更甚。除了浮世绘共通的色彩笔墨特征之外，对性器官充满幻想的夸张表现，也就是相对于身体其他部位不合比例地加大了性器官的尺度，即所谓巨根浪阴，同时也颇显"变态"地对性器官做了异常细腻的描摹，这可以说是这些春画最主要的特点。曾见到日本春画研究者对比明朝的春宫画评议说，明朝春宫画基于写实性而绘出的性器官显得太小，无法满足人们的性幻想，也不会给看画者带来多大刺激。我想，这样的评价应该是比较允当的。

从艺术的审美角度看，若是与中国同类性质的木刻版画相对比的话，那么，日本浮世绘春画的水平，实在高出中国太多。按照高罗佩先生《秘戏图考》的介绍，即使是在套色春宫画独盛一时的明万历崇祯年间，其中诸如《风流绝畅》这样的精制佳品，印制的水平也远不能与日本的浮世绘春画相比。

由于好之者众，而且这是一个世界性的需求，稍好一些的春画，在日本图书市场上，价格早已相当昂贵。我不专门研究这方面的问题，所以从来没有想过会出手去买春画的原作。只是在大阪难波的一家旧书店里，偶然遇到一套现代彩印的《浮世绘春画名品集成》，16开大本24册，每册平均不过1000日元上下，就买下了这套书籍。

除了价格便宜之外，就其内容而言，这套书籍的意义，不仅是精心选印了各个时期代表性画家的代表性作品，更重要的是，它还是日本首次不"打码"也不切削地以现代印刷品的形式向社会公众完整再现春画的原貌。请各位注意出版的时间：它是在 1995 年至 1999 年间由前面提到的《千夜一夜物语》的出版商河出书房印制的。如同前述《查特莱夫人的情人》一样，在现代出版史上，这套书具有非同寻常的意义，它标志着社会对情色书籍禁与放的行进路程，可以启迪我们更为文明地对待这一类看似敏感的读物，而这样的书籍，正是旧书爱好者竞相关注的重要对象。

相比之下，在中国大陆和海峡对岸的中国台湾，直到日本这次公开成批印制浮世绘春画的前两年，也就是 1993 年，高罗佩先生的学术研究名著《秘戏图考》，还都只能以内部参考的名义重制极少数量的印本，普通民众根本无由一窥究竟。1993 年台北金枫出版公司重印《秘戏图考》以供"专家者流"偷偷品读的时候，出于对浮世绘春画的敬意，还特地选印了一些春画附在后面，但出版者选录的这些春画作品，其总体水平，实在不是很高，对比一下我买到的这部《浮世绘春画名品集成》，差距是显而易见的。

像我这样一些口袋里没有几个钱的古旧书爱好者，要想买到更多的好书，需要视野开阔，兴趣广泛，也需要勤跑多转，这样就会有更多的机会，买到那些你意想不到的好书。

在买下这套《浮世绘春画名品集成》之后，也是在大阪，在一家普通旧书店的书架上，我看到了一帖木版印制的春画，价格比专卖浮世

铃木春信绘浮世绘

的书店，要便宜很多，更加令人欣喜的是，这还是一位名家的作品。书店老板很诚实地介绍说，虽不是画版制成后当即印制，刷印时间大致应在大正时期前后，但绝对不是后人的仿品。我看画版完好如初，并没有什么泐损，墨色也洁净鲜丽，便将其收入箧中。

这一帖春画的作者，叫铃木春信。铃木春信是浮世绘和春画发展史上具有转折意义的画家，可以说绝对是第一流的大师，体现其创作风格的标志性年代，是日本明和二年（公元 1765 年，正值清朝所谓"盛世"的乾隆三十年）。总的来说，铃木春信对浮世绘发展的贡献，是适应上层社会的需要，创制了一种被称作"锦绘"的新型画风，在美人画中注入文学的旨趣，使其充满浪漫情意。在具体画法上主要是较诸此前运用了远为丰富的多重色彩以及变幻的画意，在构图上尤为注重背景的意蕴。

在前面谈到的《浮世绘春画名品集成》一书所精选的铃木春信作品中，就有一幅，也收在我买到的这帖画册中，这尤其令我感到欣喜。此外，据说铃木春信的画作，署名者比较少见，而买到这帖画册，在全部12帧画幅中，就有一幅带有他的署名。这也让我又增添了几分浅薄的得意。

我想，各位若非道学先生，在看过铃木春信的春画以后，在情色这一主题之外，一定都能感受到它浓厚的艺术气息，感受到美的熏染。这种美，当然首先来自情色，但也有超逸于情色之上更为本质的美的内涵。

除了审美的感受之外，作为一种文物性很强的古版画印本，它们当然还可以给我们提供很多历史信息。不过，这就是研究者各取所需的事了，各领域的专家尽可做出自己的解读，其史料价值，远非"情色"二字所能涵盖。

其实对于古代文史的研究来说，所有类别的史料，其价值往往都是多方面的，这也是这些学者需要尽可能多买书、多读书的原因。只有先看到书，才能捕捉和把握到自己所需要的史料，初不必在意它是正经书，还是情色书，是书就都有用。只有摒弃一切社会强加于人的禁锢和读者心理上的自我束缚，真正做到"读书无禁区"，才有可能逐步趋向博学多识的境界，前辈学者所说"广见闻"，即此之谓也。

对于学者来说，真正有深度也有厚度的研究成果，一定要以广博的学识为基础，套用"世事洞明皆学问"那句成语，也可以说是"凡书读来皆学问"，就看你会读不会读，会用不会用，而对于普通民众，多读一些书，开阔眼界，开拓心胸，不仅能让自己的人生更加丰富，还能够增长见识，以看穿专制统治者的"神圣道德"谎言，不受蒙蔽，更不会盲目地为之摇旗呐喊，助威生事。

四、旧书中的书籍史

开卷有益。我们这些古旧书爱好者收存各种各样的图书，浏览方方面面的内容，不经意间，常常会有意想不到的收获。

下面，就以《北京笼城·北京笼城日记》这本小书为例，谈一点我自己因买旧书并随意读书而获得的一项重要收获。这项收获，关系到中国典籍流传史上的一个重要事件，这就是在庚子事变过程中《永乐大典》是怎样毁失的。

关于这本书和我阅读后的收获，我过去曾在文章里谈过。现在，这篇题作《大东购书漫记》的文章，已经收录在《蒐书记》里。之所以在这里还要一一重说，一是考虑到在座的朋友，还有一些人尚未读到此书此文，二是这件事在中国典籍流传史上意义重大，而中国国内通行的说法，与历史事实出入过大，可谓天差地别，因而很有必要多讲一讲，扩大影响，以便更多的世人能够了解真相，从而正确看待圣朝与世界的关系。

首先介绍一下，我在日本买到的这本书，是捆绑成一册出版的两种书籍，而这两种书都是日记式的记录，记述光绪二十六年（1900）亦即庚子年八国联军侵入北京之前，义和拳民和大清军队围困列国使馆的情况。《北京笼城》的作者柴五郎，时任日本驻华使馆武官。《北京笼城

《东洋文库》本《北京笼城·北京笼城日记》

日记》的作者服部宇之吉,乃东京帝国大学文科大学副教授,受日本文部省派遣,在中国留学,当时被日本使馆招募为"义勇军",参加列强守护使馆区的战事。所以,这两个人记述的庚子事变史事,都是当事人的亲身经历。受过基本史学训练甚至具备一般社会常识的人都明白,这样的纪事,具有很高的史料价值。

当年义和拳拳民被朝廷利用而围攻洋人驻京使馆,《永乐大典》存放在毗邻使馆区的翰林院里,战火延烧,使其大部遭受焚毁,而我从小时候起接受的"教育",一直是说这放火的罪恶勾当,是洋人纵火为兵以驱赶义和拳,结果殃及翰林书库,才始得这部国之瑰宝,大部分化为灰烬。想想这些红毛番人本来就都是杀人放火的野兽,干出这种罪恶的勾当,自是理所当然的。罪犯犯罪都有惯性,难怪这些番邦洋人后来还有火烧圆明园的罪行。纵火犯烧过一次之后再接着烧上一次,这也很合乎惯犯的心理和逻辑,是再正常不过的事情了。

然而,上大学以后读书一多,发觉事情

并不那么简单。圆明园的大火到底是怎么烧起来的，实际上真不容易说得清楚，而翰林院的火灾，服部宇之吉却另有说法。

服部宇之吉《北京笼城回顾录》，是事后用专题笔记的形式，根据回忆，记录庚子之役期间的种种逸事。其中在讲到《永乐大典》的毁失情况时，服部氏云，义和拳好汉等清方兵民苦于久攻使馆区而不下，当天便利用稍有一点儿北风的机会，在英国使馆北面相邻的翰林院放火，试图火烧使馆区，以迫使洋人降服。盖当拳民大举进攻之前，诸国列强决定固守待援的时候，商定把妇女、儿童、老人和病人，集中到馆舍最为宽敞的英国使馆，日本书记官石井的夫人等日本妇女、儿童，就待在离翰林院最近的一所建筑里。这样，被围困的日本人便不能不拼死扑火，以相救护。

藏书最怕的就是火。钱谦益绛云楼的丰富藏品，最终即被焚烧殆尽，以致后人有藏书者即毁书者的感叹。

当时，服部宇之吉等日本"义勇队"员和一些英国水兵，为扑灭大火，凿破院墙，突入翰林院，把院中的书籍纸片等纷纷投入水池之中，以减低火势蔓延的势头。这时服部宇之吉看到了堆积在书架上的《永乐大典》，觉得其他东西扔到水池子里也就算了，却实在舍不得去扔《永乐大典》，可又确实没法全部都保存下来，就思量怎么也要想办法留几册样本给世人。于是，随便抽了三册，存放到日本妇女的住处后，又返回翰林院，找到狩野直喜和莫里逊博士等人，这样狩野直喜等也各自带出若干册来（服部宇之吉和狩野直喜后来都成为世界知名的汉学家，莫里逊与中国学术研究的关系，则以他收藏的几万册西文中国书籍而知名，这就是现今收存在日本东洋文库的"莫里逊文库")。

这场大火，大约在傍晚时分，被全部扑灭。第二天，英国公使告诸国人员，准备日后向中国政府全部返回存留下来的翰林院书籍，故使馆区中个人带出的书籍，应全部缴出。于是，服部宇之吉便如数上缴了自己带出的《永乐大典》。当然，劫后幸存的《永乐大典》，数量相当有限。

对这场大火的起因，西洋方面，也有很多记述。譬如，在 W. A. P. Martinsuo 所著的 The Siege in Peking 一书（1900 年版）中，就有同样的记载，尽管其叙述的具体内容与服部宇之吉此书互有不同，但纵火者的身份却同样是义和拳民。其实这件事本无须征引任何历史文献的记载，因为只要你精神正常或是稍有一点儿理性，即使是用脚后跟想也很容易明白：这些洋人在使馆区内已被团团围住，而在如此狭小的空间范围之内，他们要是放火攻击外面的义和拳众，怎能保证大火不烧到自己的头上？这无异于纵火自焚，是傻子才会做的事情。

这样看来，《永乐大典》的毁失，是毁在义和拳民之手，而不是各国列强，中国典籍流传史的这一页，应当实事求是地予以彻底改写。

我个人主要的精力是研究中国古代史方面的问题，对近代的历史，涉猎甚少，不会专门花工夫去琢磨《永乐大典》毁失的罪魁祸首到底是谁，甚至根本不会怀疑官方教科书的记述，正是通过随意翻看这些买到手边的旧书，才得到这样的正确认识。

我买到的这本《北京笼城·北京笼城日记》，出版于昭和四十年（1965），是平凡社印行的《东洋文库》丛书本。这虽然是一种十分考究的布面精装文库本，但从藏书的角度看，却并没有什么特别的收藏价

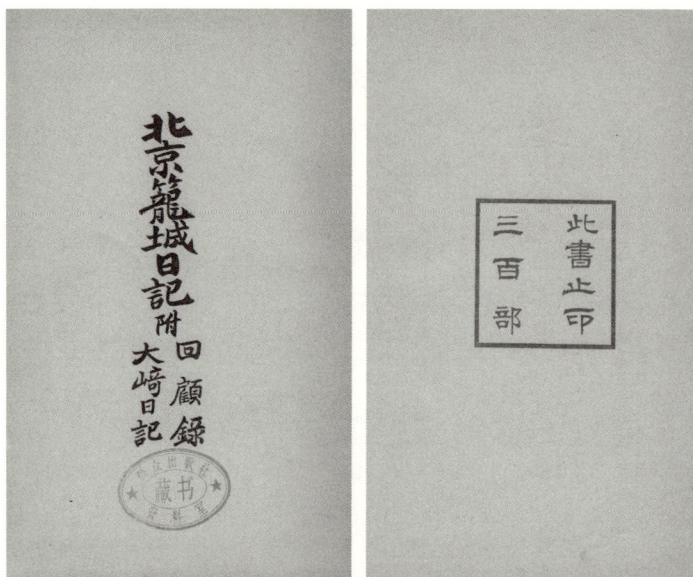

大正十五年限印本《北京笼城日记》

值。不过在了解到相关纪事的重要性之后，也很注意相关的其他印本，结果后来又买到了更好的版本。

服部宇之吉的日记，在他当年底回到日本后，就有刊本。至大正十五年（1926）7月，作为其还历（60岁）纪念，又增附他本人撰写的《北京笼城回顾录》，以及服部夫人繁子所撰《大崎日记》，出版了私家限印版。当时限定发行 300 部。这个《东洋文库》印本，便是以服部私家限定版为底本，而略去了服部繁子的《大崎日记》。

看被人删削不全的书籍，总有自己身体的某一部分被人肢解了似的感觉，很不舒服。再说七八十年前仅印 300 部的限印本，现在已是可遇而不可求之物。所以后来在北京的旧书店里遇到这个早出的限定本，便毫不犹豫地将其收入书箧之中，这也使自己更为贴近那个过去了的年代，更为近切地看清那些过去了的人和过去了的事。

杀戮外交人员和妇女儿童，在任何情况下都是不可饶恕的罪恶行径，也是一种极其卑劣的行为。想想那些义和拳好汉，看他们在清廷怂恿和指使下高呼"刀枪不入"而疯狂冲向列国使馆的开场，再看看八国联军入驻北京之后他们又被清廷砍下头颅去向洋人献媚求饶的结局，实在是可悲而又可怜。更加可悲和可怜的是，这样的愚民、暴民，子孙绵延，好像也是越来越多，以至于让上了年纪的人很难分辨清楚：眼前出现的究竟是现实的存在，还是消逝的历史场景？但愿这只是一种幻觉。

五、我买和刻本

历史太沉重，即使是书籍的历史，有时也并不轻松。下面还是放松心情，和大家一起分享搜集古旧书籍带给我们的愉悦。

像一些朋友知道的那样，过去我也买过一些古刻旧本，所以，谈到在日本买书的经历，一定有人对我是否买过和刻本感到好奇，同时也想知道一些日本售卖和刻本的状况。下面，我就简单谈谈这方面的情况。

首先，按照书籍的内容是否与中国相关，可以把和刻本分为"有关"和"无关"两大类别。完全"无关"的，我基本没有买过（偶然买过一两部，都有特殊原因），而且不懂，也就没有什么兴趣。"有关"的，实际上又可分为"汉文的"和"日文的"两类，在这当中，我只买过"汉文的"，所以也没法谈"日文的"和刻本古籍。

虽然我在这里能够谈论的范围非常有限，但汉文印制的有关中国的和刻本古籍，这也应该是在座的各位朋友最为关心的内容，正是大家最想听我讲的东西。

和刻汉籍中最高档次的版刻，是"五山版"为代表的覆刻宋元本汉籍。所谓"五山版"是以京都的五所寺院刊刻的禅宗佛典为标志，"五山"亦即五所佛寺，"山"即所谓"山林"所代指的佛寺。这种五山版持续的时间，大致是从元初到明初。五山版的兴起，也是和刻本走向兴盛的标志，其间颇有一些来自中国的刻工参与了当时的刻书工作。不管是从版刻的精美程度上看，还是看重其因覆刻宋元版本而较好地保存了历史文献的本来面目这一内在因素，五山版都是和刻汉籍中最上乘的精品，但书好价格就贵，吾等小民是可望而不可即的。对于我们喜欢古旧书籍的普通庶民来说，能买到一部日本用珂罗版和适宜的和纸精心影印的本子，就已经是很得意的事儿了——我只是买过一部石井光雄在昭和三十三年（1958）用珂罗版影印的五山版《寒山诗》。

假如不是钱多到类似拍卖会的"入札会"

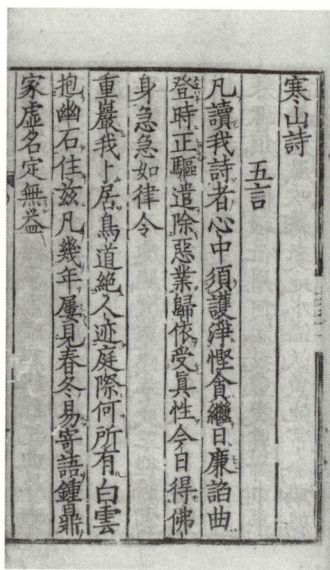

石井光雄珂罗版影印五山版《寒山诗》

上去投标买书，在旧书肆的书架上，常见的和刻本，都是江户时期及其以后的货色（江户时期，是从相当于明万历三十一年的 1603 年亦即日本庆长八年开始，到相当于清同治六年的 1867 年亦即日本庆应三年结束，接下来就进入了明治时期）。在江户时期的和刻本中，现在能够遇到的年代较早的刻本，通常只是相当于明朝崇祯时期的"宽永"刻本，大多还都是很常见的大路书。这当然不是偶然赶上了"宽永"这个年代，而是因为日本的刻书业正是在宽永时期始全面走向商业化时代。书坊刻书的勃然兴起，使刻本的种类和数量都大为增加，所以我们才会在书肆上看到诸多宽永以后的刻本。

在这类和刻本中，数量最多的，就是以儒家典籍为中心的中国古代最基本的经子书籍，诸如《四书五经》之类，一二十年前，还几乎比比皆是，而且价格都非常非常便宜，几百日元买上一部，是很平常的事情。

一次，在东京新宿京王百货商店七层举行的旧书展卖会上，我看到一部阙失《大学》的《四书》，整整齐齐的八本书，不过一千日元。这个价格卖这种书，本来是很平常的事儿，所以现在有很多商贩从日本往中国倒腾。我买下这套不全的《四书》，还看重它是翻刻清康熙十三年朱熹十七世孙锡旂刻本，日本大阪书商重刻，即鉴于"《四书》坊刻，概不胜陋，惟朱氏镌本，庶无纰缪"，知亦郑重其事，有所别择之举。明清时期流通的《四书》刻本大多出自《四书大全》，质量不佳，今我以廉价获读此本，亦可概见当时稍微讲究一些的《四书》读本是怎样一种样貌。清代乾嘉学者，大多鄙薄《四书》俗学，影响所及，以致清末民国年间言古籍版本者，对《四书》之明清刻本殊少措意，著录寥寥。

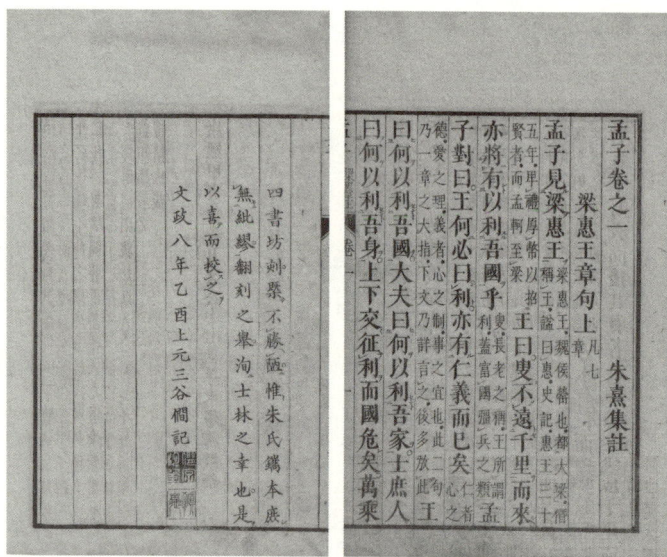

文政八年翻刻清康熙四十三年朱锡旂刻本《四书》

日人翻刻此书，是在文政八年，时值清道光五年。前此十六年，苏州人吴志忠精心校勘的《四书章句集注》定本，以仿宋形式付梓印行。然吴本在中国亦流传稀少，日人当未及一见，故未能据而印之。

江户时期以前的刻本，偶然也曾买过。像我在东京大学附近琳琅阁买到的这部《医学源流》，应该是日本大永八年（或称享禄元年，是年八月，日本年号由"大永"改元"享禄"）覆刻明版，相当于明嘉靖前期，年代算是很早的了，且刊印都很精良，也很稀见，价钱还不算太高。我进入书店时，赶上店员正在整理此书以供上架，碰巧也就把它买了下来，算得上是一件很难遇到的幸事。

宽永时期以后的和刻本，在内容上具有独特版本价值的书籍，虽然不是很多，但也有一些，爱书、购书者拓宽学术视野，才会对这些书籍

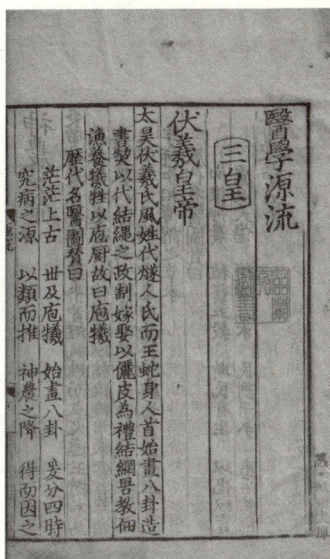

大永八年覆刻明版《医学源流》

有所关注。像我在《东洋书市买书记》这篇文章中提到的和刻本《辟邪集》，是佛教徒攻讦天主教的著述，在中国宗教史的研究中具有重要价值。其书在中国初刻于明崇祯十六年，但现今中国各地似乎仅在台湾尚存有一帙孤本，大陆久已失传。这部和刻本《辟邪集》刊成于万延二年（亦即文久元年，公元1861年，值清咸丰十一年）二月，过去传入中国者寥寥无几，学人亦难得一见。现今海内外多种文献汇刊所收录的《辟邪集》，就都是用这个和刻本作底本影印而成。我能得到和刻原本，自然是很幸运的事情，但要是平常不关注基督教在华传播的历史，就无法知悉其学术价值，说不定就会与其失之交臂。在这里和大家交流的经验，就是只有多读书，才能买到更多的好书。读书是买书的目的，而买好书又一定要以多读书为先导。

最后，和大家谈谈我买到的一部宽永刻本《孔子家语》。虽然宽永以后的版本，都比较容易看到，但相对而言，真正宽永年间的刻本，数量还是比较少的，因而价格也比其后的江户刻本要高出很多，现在要想找到一部有价值的好书，也就不是很容易。

当年我在日本到处乱跑买古旧书的时候，尽管机会也不是很多，但有一个比较特殊的品种，耐下心来慢慢找的话，还算是相对比较容易一些会碰到宽永刻本的好书——这就是宋朝禅宗和尚的语录或具有语录性质的禅师著述。由于这一时期刊刻的禅宗语录，往往直接出自宋版，所以，清末以来，一直受到中国学者和藏书家的重视，并多将其视作藏书意义上"善本"。例如，我先后买下过的《大会普觉禅师书》、《灵源和尚笔语》和《大慧普觉禅师宗门武库》，就都是在书店的大堆佛教印本中细心觅得，价钱也都非常便宜。至于世俗方面的刻本，就不会有这好的运气，是非出"善价"不可了。

我买到的这个本子的《孔子家语》，在卷首的篇目之末，分两行镌有"宽永十五戊寅仲秋吉日／二条通观音町风月宗智刊行"题记，宽永十五年为明崇祯十一年，公元1638年。用中国古代版刻的年代相比附，算得上是一部明末刻本。

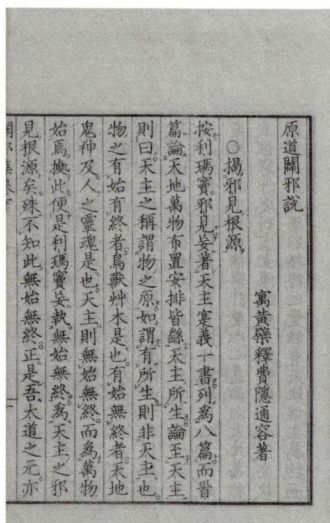

万延二年和刻本《辟邪集》内文

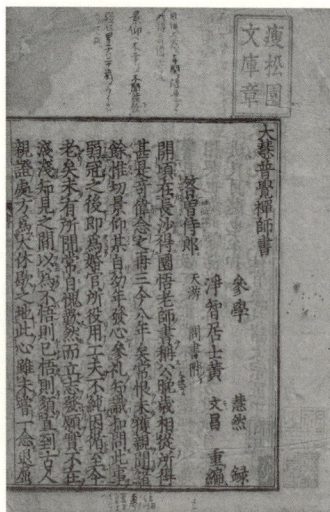

日本学者黑田亮庼松园文库旧藏宽永十九年刻本《大慧普觉禅师书》

值得珍重的是此本卷首"篇目"之末，另镌有"上官国材宅刊"六字，应是照原样重刻更早的底本上的题识。昔叶德辉在《郋园读书志》中曾推断说："审其版式行格，似北宋时私宅本，风月宗智又翻雕耳。"所谓"上官国材宅"应即宋朝刊刻此书的主人，不过叶德辉将其底本定为北宋，恐怕过于唐突。实际上审看这部书的版式，更像是源出于南宋建阳书坊（买下此书后始知此宽永刻本是间接利用日本元和时期印行的"古活字本"来翻刻的，而不是直接出自宋本），而"上官国材宅"云云这一题识，则是书坊刻书的惯用标记。

一部古刻本之良善与否，最本质的判别标准，是文字、内容的准确，少有舛讹，版刻年代和底本依据不过是这一本质特征的外在表现形式而已。王国维先生为此宽永刻本《孔子家语》撰写题跋，称誉云："此本不知出何本，然佳处时出诸本上。昔桐城萧敬孚得此本，乃谓宋刊大字本不足存，以归贵池刘氏。余以此本校黄周贤本一卷，乃知敬老之言不诬。"这里，王氏是以此本对比萧穆（字敬孚）出售给玉海堂主人贵池刘世珩的宋刊大字本《孔子家语》，乃谓此宽永刻本的文字在存世各种刻本中最为可取，最能体现这一刻本的版本价值。其实先于王氏，叶德辉在清末就已经做出过类似的裁断，可知这种看法，乃是学者通识。

正因为平日读书时注意到叶德辉、王国维这一结论，后来在日本东京神保町旧书店街上著名的山本书店看到这个宽永刻本时，尽管价格较高，还是将其收入囊中，以供研究中需要时参考。

我购买古刻旧本，多是着眼于一部书在版刻上的优点或是特点。口袋里没有那么多钱，不能见书就收，只能精挑细选。其实买古旧书的乐

宽永刻本《孔子家语》卷首篇目后刻书题识（左为后印本，右为初印本）

趣，也正在这里，在寻寻觅觅的过程之中。另一方面，也正因为手边案头，时时有书摩挲，才能发现更多书籍本身的版本特点。

因为自己书斋中存有这部宽永刻本《孔子家语》，后来又注意到我得到这部书是经过增改的后印本，内容已与初印本有所不同。这主要是我这种后印本较诸初印者在卷首篇目之后用方框圈围起来增刻有一段日本刻书书坊的题识，时间已迟至日本天和二年，这一年，为公元 1682 年，时值清康熙二十一年。较其雕版事竣之日已经过去四十四年。版面已经不算十分清晰，这是很自然的事情，不过其所做增改，却也有积极的意义，亦即刻书者对原文做了很多校勘，添写在版框的上边之外。这为读者更好地认识此书的文本提供了重要参考。

好了，大家听的可能有些枯燥了，今天的闲话，就讲到这里。我把

宽永刻本《孔子家语》正文首页（左为后印本，右为初印本）

宽永刻本《孔子家语》内文（左为后印本，右为初印本）

最后这一部分讲的和刻古籍结束于宽永刻本《孔子家语》，是想体现一下我对传统藏书家的敬重之情。前面谈的很多，其实都是传统藏书家不屑一顾的垃圾，而像宽永刻本《孔子家语》这样的传世重要典籍的良善刻本，才是他们着意搜罗的对象。我知道自己永远也不够藏书家的资格，但内心里对那些藏书家们为文化传承所做出的贡献，钦之敬之，亦向往之。希望自己的藏书，在供本人研究和赏玩的同时，将来也能为社会发挥一点儿作用。

2017 年 3 月 31 日上午草成初稿

2017 年 3 月 31 日下午讲说于中信书店芳草地店

由于时间关系，现场仅讲述了讲稿中的部分内容

2017 年 4 月 2 日润色定稿

过去那些书名和那些写书人的名字
——由《那些书和那些人》说起

各位女士、各位先生：

大家好。很高兴来到人间天堂杭州，和各位云中仙人般的朋友们见面。西湖美景，风光令人沉醉，可我现在神智有些恍惚，却是风光尚未醉我而我似醉，似醉而非实醉，实际上是因为害怕，吓得有点儿心头发颤，感觉好像醉得眼前模模糊糊一样。

风光如此旖旎宜人，怕什么呢？怕的就是各位得道仙人。我是在中国最北边儿的大兴安岭脚下长大的，那里荒僻狂野，没有什么文化，生活和梁山泊差不多，就是大碗喝酒，大块吃肉，而杭州不仅是人们生活的天堂，至迟从唐宋以来，还一直是中国文化的渊薮，水深土厚，有道高手，比比皆是。像我这样一个粗鄙之人，竟然来到这里谈论承载文化的书，谈论写书的文化人，实在是班门弄斧，有些太不合时宜。尤其是我下面要和大家谈论的问题，涉及很多古代雕版印刷的内容，而我们杭州，从印刷术开始走向兴盛的五代时期，到印刷术全面普及的北宋时期，以至清朝结束，一直都是全国位居魁首的雕版印刷中心，或是雕版印刷业极为兴盛的都市。我竟然斗胆在这里谈与此相关的内容，更是有些不自量力了。

不过，去年承蒙我们杭州的朋友们帮忙，浙江大学出版社帮助我出版了一本书，这就是《那些书和那些人》这个小册了。浙大出版社帮忙的朋友说，希望我能到这里来一下，和杭州的书友见见面，由这本书展开话题，做一些交流。

书已经出了，不管有多丑，有多丢人，大家也都看到了。这样，也就硬着头皮来了。不过我这头皮再硬也硬不过闻名全国的"杭铁头"。在一些读者看来，我这本小书以及我其他的研究和说法，该遭挞伐的地方或许有很多。我是做好了被撞得头破血流的准备的，一会儿大家尽情批判不妨。

今天我和大家交流的话题很小，就是"那些书"的书名，还有"那些人"的人名。我做学问局面很小，研究的都是些芝麻谷子般的琐碎问题，自然上不了台面。不过，孔夫子还都讲过"必也正名乎"这样的话，这些书名和人名，似乎也是弄明白了会更好一些；况且在有一些时候，书名和人名，也能体现出大的时代风貌。

在此，首先需要向各位朋友说明的是，我们今天是在杭州的"晓风书屋"做交流。刚刚我已经谈到，杭州，从五代、北宋时起，就是中国雕版印刷业最为重要的中心，对中国的书籍出版，贡献卓著；晓风书屋，是闻名全国的著名书店，特别是本朝宰相还一度"公服私访"，弄得那些"元来不读书"的各色人等也知道这里是一方书香妙境。因此，在今天有限的时间里，为集中话题，我想把所谈论的内容，进一步限定在书籍雕版印刷所造成的问题上，以契合这方宝地的风水，附庸这里的风雅传统。

好了，下面先和各位谈谈书名的问题。

一、关于书名的一些事儿

乍看起来，好像是部书就都有个名儿，像我们在书店里看到的，每一部书都有书名。尽管书名不一定都很好看，听起来也不一定都很顺耳，但好歹都有个名字。可是，就像我们每个人都不是生下来时身上就刻有个名字、我们的名字是爹妈在我们生下来以后才给定的一样，古时候，也是先有了书，才有人给书取名。

我们再来看书是怎么来的。首先，书，即使是按照中国传统的说法，也不是开天辟地时被女娲造就的，得先有仓颉造出字来，才能有人用字写书，因此，书也有个生成的过程。

所谓"书"，换个说法，就是一种用文字写成的著述。既谓之"著述"，就意味着光写出字儿来还不行。先民们最先写出的是实用性的文字，起初只是一种标记，一种记录，相互之间传达一种意向，或是保存一些需要日后查阅的事项。这种东西，即使写长了，写庄重了，也不过是现实应用的文告，现在我们把这类东西称作"文书"，称作"档案"。

那么，什么是"书"？"书"是特地撰写或是编录成册以供人们反复研读、传习的文字，要按照特定的内容形成一定的体系，写这些"书"，编这些"书"，读这些"书"，都不是简单地直接针对一时一事之需，而是一种相对稳定的普遍性社会需求。

　　按照我的老师黄永年先生的看法，在中国，这样的"书"，大致是在春秋末年才出现的，是伴随着春秋战国之际中国社会的大变革同步发生的，诸如《诗》《书》《礼》《易》《春秋》之类，都是早期之"书"的代表。

　　最早出现的这些"书"，本来都没有题名，开篇就是内文。"书"很少，传布的范围很有限，这样做也没有多大关系。清初人顾炎武尝就《诗经》篇题之缘起论述说："古人之诗，有诗而后有题；今人之诗，有题而后有诗。有诗而后有题者，其诗本乎情；有题而后有诗者，其诗徇乎物。"（《日知录》卷二一《诗题》）其实不仅是诗，其他各种文字著述，亦大率如此，本乎情而书之为文是已。这样的"书"，我们今天在战国时期的出土文献中，可以看到很多。

　　后来"书"多了，传的也广了一些，于是先开始对每一种单篇添加名称。不过，这时所标记的篇名，还都很随意：或略撮其大意，或注记其关键词语，或摘取其篇首文字。这种篇名书写的位置，起初或在正文的简背，或缀记于篇末，或单独另记一简，总之，尚且明显游离于本文之外。这样的篇名，同时大多也还没有凝固，也就是并没有确定为同一的题写形式，不同的人，往往会有不同的题法。

　　再往后，才开始把篇名写在正文最前端靠上的位置，显示出与内文已经融为一体，这样也就很容易凝固了。待后来，再有人把很多这样的单篇著述编录到一起传习流通，或按照文字的性质、或按照其从属的个人以及门派等等，就又需要给这样的著述确定一个总名，这也就是所谓"书名"。同篇名一样，这样的"书名"，起初也是游离于诸篇内容之外，标记在简背等处。同时，同一种书，由于持有者或是传习者的不同，所编录篇目的种数以及各篇的前后排列次序，往往也各不相同。

等到这样的"书名"终于也被写入内文之中的时候，由于卷端最佳的位置，已经被篇名占据，只好委屈身段，对付着写在了篇名的下方。这样也就形成了所谓"小题在上、大题在下"的篇名、书名题写规矩。在这里，"小题"是指篇名，而"大题"指的就是书名。古写本是这样，早期典籍的宋元古刻本也往往如此。

这个规矩，影响了很长时间，直到明万历年间前后，很多翻刻重印的古书，还一直保留着这样的面目；至于清人仿刻覆刻宋元版古籍，更是尊用原书的书名、篇名题写形式。

对我们今天的读者来说，重要的是，不管在上的小题，还是在下的大题，体现的都是庄重的正式名称，这是传世典籍正式的篇名和书名，而刻印或是题写在书籍内封面、函套、书口等处的书名，都有可能是简称或刻书人、藏书人便宜的称谓。

认识古书卷端题名的重要性，就可以通过这一点，帮助我们判定一些书籍的名称。

在这里，我想先举述陈寿《三国志》的本名问题来说明这一点。《三国志》是人所共知的重要史书，《隋书·经籍志》著录的书名就是如此，故著名学者缪钺先生乃谓之曰："如此称呼，千载相承，并无异议。"（缪钺《〈三国志〉的书名》，刊《读书》1983年第9期），可是陈寿此书的宋元刊本，其书名，亦即所谓"大题"，却都是镌作"国志"，而不是"三国志"。直到万历二十四年冯梦祯重刻南监本，题名依然如此。

其实较宋元雕版印本更早，唐代初年人孔颖达即曾就当时写本的题名形式谈道："陈寿之撰《国志》，亦大名在下。"（《毛诗正义》卷一《周南·关雎》）这里所说"大名"也就是"大体"，就是书名。更早，则北魏郦道元撰《水经注》，引述陈寿此书，也是称作"国志"。由此可见，北魏郦道元和唐初人孔颖达所见到的陈寿书写本，卷端题名应一如传世宋元刻本《国志》；后者更准确地说，传世宋元刻本镌梓的"国志"二字，乃是承自南北朝以来的写本。若再进一步，追溯其题作"国志"的缘由，则只能是本自该书固有的名称，这表明此书的正式名称一定是叫"国志"，而"三国志"则为后起的俗称，也可以说是一个通行的别名。

日本《古典研究会丛书》影印南宋初年浙中重刻所谓咸平"专刻本"《吴书》

清末民初人叶德辉，尝谓"明人刻书而书亡"。这一说法，得到近现代学者的广泛认同。大致较冯梦祯南监刻本稍早，但也是在万历年间，有吴管者，刊行所谓西爽堂本，始改题"国志"为"三国志"。

这一改动，为后来绝大多数刻本所沿承。其中如明万历二十八年北京国子监敫文

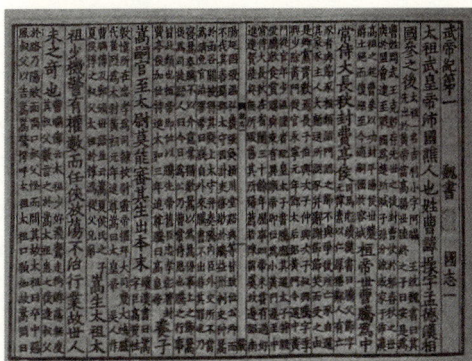

百衲本《二十四史》影印宋绍熙刻本《国志》之用绍兴初浙江刻本补配的前三卷

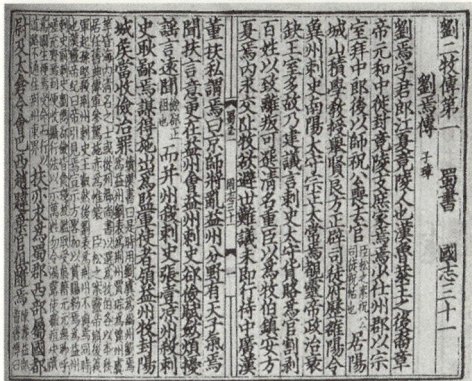

百衲本《二十四史》影印宋绍熙刻本《国志》

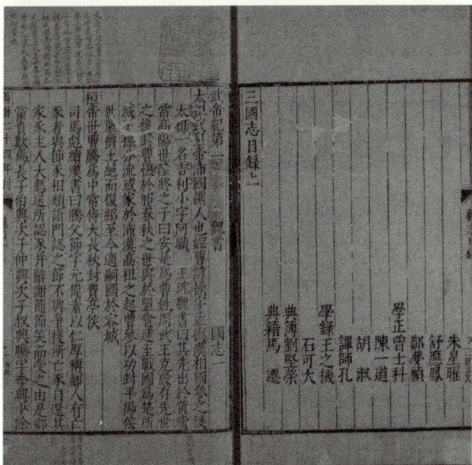

明万历二十四年冯梦祯主持刊刻南监本《国志》

祆刻本，在正文中更干脆去掉卷端的大题和小题，仅保留中间一层题目，且改"某书"为"某志"，镌作"某志卷几"，清武英殿本依样承之。于是，行世之书，始不再见有"国志"这一书名，且一直延续至今。所谓"习非胜是"，以至出现了像缪钺先生那样的说法，以为从来就没有过与"三国志"不同的题名。在这一衍变过程中，明万历吴管西爽堂刻本，堪称始肇妄改书名的先例，书名都被换掉了，为"刻书而书亡"这一说法，提供了绝佳的例证。

所谓"明人刻书而书亡"，这是受到后世学人普遍诟病的。因而，我们现在重印古籍，就应该充分汲取历史的教训，尽可能恢复被明人肆意更改之前的旧貌，恢复古代著述固有的形态。在这当中，书名尤为重要，也最为引人注目。

像《三国志》的本名为《国志》，本来是十分明显的，可是，若不关注古代的版刻，不注意古代刻本卷端的题名形式，不了解这一形式产生的缘由，就会像缪钺先生所代表的众多文史学者一样，无从发现这一简单事实。

不过，我在《那些书和那些人》这本小书中谈到的所谓《新五代史》的书名，就不光是怎样认识一部书的本名的问题，更重要的是，在已有认识的基础上，究竟应该怎样确定一部古籍的书名？或者说在新印古籍时究竟应该采取正名、抑或是取其俗称来作书名？

所谓《新五代史》，即欧阳脩撰著的《五代史记》，学者行文或简称《欧史》。从宋元时期刻印的古本，到明南监本，题名都是一如欧公原稿，镌作"五代史记"。后来的改变，同样是从明代万历年间开始的。

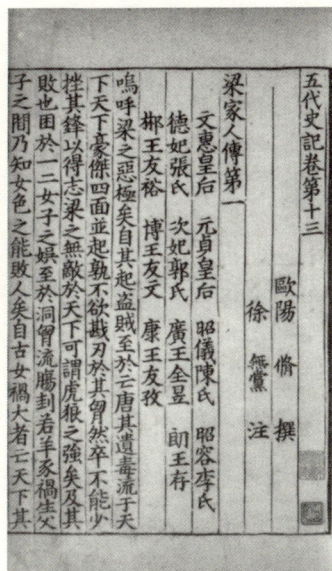

国家图书馆藏宋刻本《五代史记》

由于北宋初年薛居正等撰修的《五代史》（亦即后世所谓《旧五代史》）自明朝中叶以后即告失传（现在的文本是清乾隆时期从《永乐大典》中辑录出来的），梁、唐、晋、汉、周五代的"正史"，仅有《欧史》通行，故从万历二十八年刊刻明北监本开始，主事者便将其书妄自改题为"五代史"，其后有崇祯汲古阁本和清乾隆武英殿本，俱沿承其式，俨若本名。

这一被肆意妄改的书名，虽仍落入了"明人刻书而书亡"的境地，但还没有使用"新五代史"这个俗称。书名的又一次改变，是1974年12月的事情——这时，中华书局点校本《二十四史》中的《新五代史》问世发行了。

我在《那些书和那些人》这本小书中已经谈到，像《国志》与《三国志》的正变称谓，虽然我也极力主张尽早恢复本名，但从明朝万历年间以来，相沿日久，究竟怎样处理更为妥当，还可以多征求专家意见，慎重考虑。但《新五代史》一名，至今行用不过五十年时间，若有机会重新整理或是修订此书，及时恢复其本名，在我看来，是天经地义的事情。具体的处理办法，甚至可以在封皮仍然印上"新五代史"一名，但书中每一卷卷端的题名，则改回为"五代史记"。

令人十分遗憾的是，中华书局近期修订重印欧阳文忠公此书，题名依旧，还是在坚持使用"新五代史"这一错误名称。虽然书是新印的，可名从主人本来是基本的社会规则，现在我们印行古代的典籍似乎更应如此。

今人重印历史文献，往往要先花费很大牛劲"精加雠正"一通，以示"的无一字差讹"。既然如此，那么，又为什么偏偏会对最为引人注目的书名视而不见呢？这实在有些令人诧异，更令人费解。

就《五代史记》而言，中华书局的点校《二十四史》本，较诸明北监本以来妄称的"五代史"，非但未能恢复欧阳脩自己写定的书名，反而有史以来第一次破天荒般地把"新五代史"这一俗称印成了正式的书名。因而，在胡乱更改书名这一点上，实际上比明代后期那些无良书商和轻佻文人走得更远（欧公《新史》，与两《齐书》书名完全相同而必须分别缀加"南""北"字样以相区别的情况不同，薛居正《旧史》名《五代史》，所以欧阳脩才把自己的书定名为《五代史记》，书名本来就不一样，不存在混淆的可能）。

其实，陈寿《三国志》的情况，也是这样。过去陈乃乾先生为中华书局点校此书，根本没有注意到这一问题。后来又有复旦大学的陈金华先生，在数十年潜心研究陈寿书文本问题的基础上，为中华书局重新点校此书，虽已普遍核校存世宋元古本的文字异同，但直到去世之前，同样对此书名的古本题写形式未能稍加留意。这不能不说是一个很大的遗憾。

衷心期望中华书局在即将重印的新修订本中，能果断修正这一错谬。历史博物馆的所谓"司母戊鼎"，以"国家"的名义陈列那么多年了，当初采用的还是大师级学者郭沫若先生的看法，但近年却采纳新的研究成果，改成了"后母戊鼎"，使其回归历史的本来面目。在学术研究的历程中，认识出现差错是很正常的，一时糊涂，做错了事，也不稀奇；同样，实事求是，知错就改，服从科学，服从历史的实际，这也是所有学术工作者、包括学术出版部门应有的态度。

在《那些书和那些人》一书中用几篇文章连续讲述《五代史记》的书名问题，我今天又在这里向大家强调这一点，除了希望读者能够注意到中华书局点校本《二十四史》这一错谬之外，更希望今后各个出版社在印行古籍时都能用心关注这一点，尊重作者拟定的书名而不再自我作古，随意更动书籍固有的名称。

二、关于人名的一些事儿

说完书名，下面再来谈写书人的名字。

上面所谈《国志》和《五代史记》的书名问题，与书籍的抄写、印制紧密相关；甚至可以说，在很大程度上，书名既是通过正式的抄写、印制来体现、来保持的，也是在抄写、印制的过程中，发生改变的。和书名一样，一些作者姓名的改变，与书籍的抄写和印制也具有密切关联。我们大家最为熟悉、也最多见的，是改变其姓名本来的写法，通俗地讲，这也等同于张冠李戴。

譬如，所谓《洛阳伽蓝记》的作者，明代以后通行的版本，都是写作"杨衒之"，而且这种写法可以上溯至唐代初年编写的《隋书·经籍志》。不过，在稍后由僧人道宣编著的《广弘明集》里，却是写作"阳衒之"；约略同时，刘知几的《史通》，又把它写成"羊衒之"。这种情况表明，在写本时代，这本书的作者就有了三种不同的写法。那么，究竟哪一种写法才符合其本来面目呢？诸如徐高阮、周祖谟等人都列举很有力的证据，表明"阳衒之"一称更为切近实际。只是出于矜慎，他们才没有更改明代以来刻本上镌梓的"杨衒之"这一题名，以致绝大多数普通民众甚至根本不知道"阳衒之"一说。这也显示出版刻书籍影响的深重。

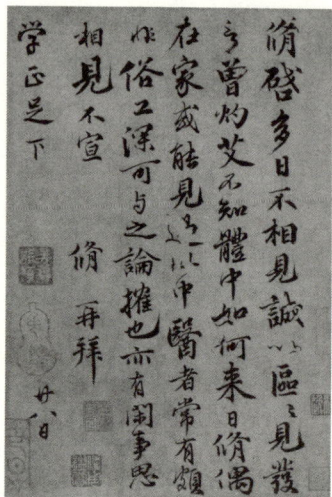

欧阳脩书《灼艾帖》

在《那些书和那些人》这本小书中，我讲述了两个作者的名字问题，一个是《五代史记》、也就是所谓《新五代史》的作者欧阳脩，另一个是《东京梦华录》的作者孟元老。后者与书籍传写雕印没有关系，有关的

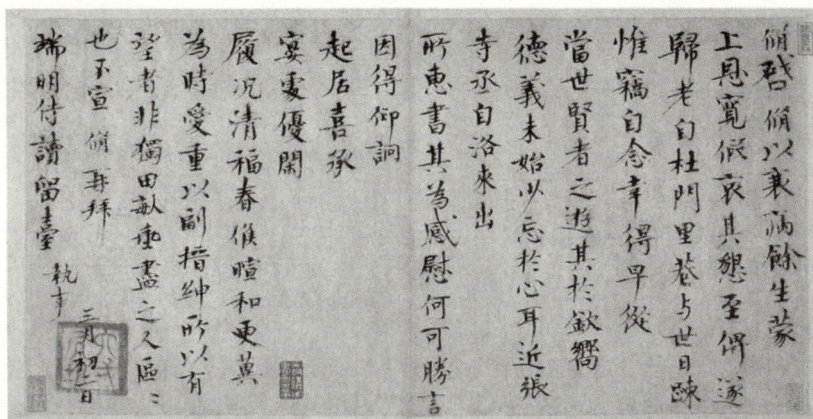

欧阳修致端明侍读留台执事尺牍

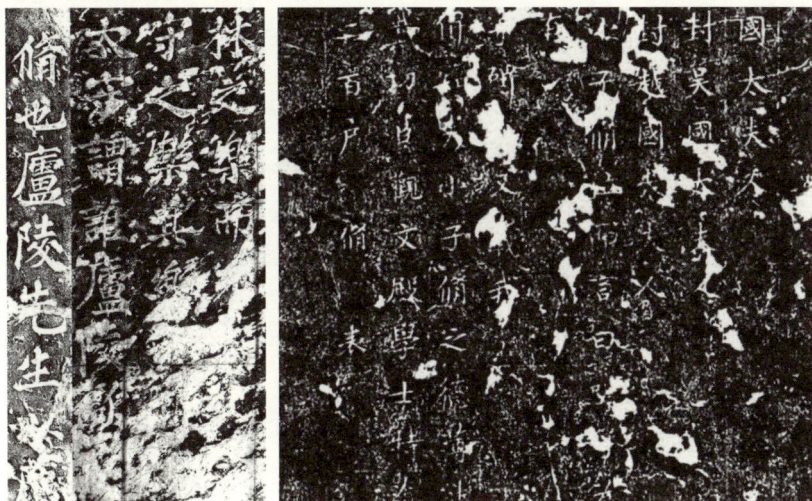

苏轼书欧阳修撰《昼锦堂记》拓本（局部）

只是前者。所以，今天我在这里仅仅谈谈欧阳文忠公的名字究竟应该怎样写。这不是张冠李戴或欺世盗名的问题，只涉及作者名字的正确写法。

还是"名从主人"那句老话。欧阳文忠公的大名，他自己一直题署为"欧阳脩"。不管是他本人手写的书帖，还是赵宋时期的碑版，无一例外，都是如此。

再来看欧公著述古代刻本上题署的姓名。前面讲到的《五代史记》，从宋代以来的各种刻本，直到明万历二十八年北京国子监由"暂掌国子监事"的敖文祯主持重刻的《二十一史》，此书的作者，一直书作"欧阳脩"。与此相同，主要由欧阳文忠公参与修纂的《唐书》，亦即所谓《新唐书》，其作者也是一直题作"欧阳脩"。我所见到的很不充分的情况，只是在万历三十七年修补重刊南监本《唐书》的个别版片上，才出现把作者姓名改镌为"欧阳修"的情况。但由于这种补修晚印的烂版本来就十分受人轻视，在社会上并没有产生多大影响。

再往后，到崇祯三年，著名的汲古阁主人毛晋，在其系列正史《十七史》中刻入《欧史》，不知为什么，竟猛然改易作者的名字，署云"欧阳修"。据我所见，这是在补修剜改之外初版印行的欧公著作中，首次出现这样的署名（此前一年，亦即崇祯二年汲古阁《十七史》中刊印的《唐书》，还是把欧公的姓名题作"欧阳脩"）。

北监本《欧史》，稍后又出现了一种新的印本，在每卷卷首增刻两行题记，记云"皇明朝列大夫国子监祭酒臣吴士元／承德郎司业仍加俸一级臣黄锦等奉旨重修"。这位吴士元出任国子监祭酒是在明思宗崇祯五年，故这次北京国子监重新改刻所谓《五代史》亦即《五代史记》，应该就在此时。因看到同时刊刻的其他一些正史也有同样的题记，可知崇祯五年吴士元重新改刻北监本诸史，并不仅《欧史》一种，应当是对北监《二十一史》的书版都同时做了修整。这是中国古代正史版刻史上一项比较重大的事件，可惜一向无人留意，日后还需要深入、系统地对这一事件加以研究（更晚在清康熙时期修补印行的北监本《二十一史》，则又削去了前朝万历、崇祯时期先后两次刊刻的题名，仿佛清廷新镌版本一般）。

对我现在所要讲述的问题，这次重修版片的重要改动，就是这位吴士元先生把作者题名之"欧阳脩"改成了"欧阳修"。这或许与毛晋富藏宋元古本而所刻诸史又号称依据古本翻雕有关，即吴士元大概是慑于汲古阁主人的威名，信以为毛家是照录宋元旧本，从而盲目遵从他的做法，改写了作者的名字。若是套用"明人刻书而书亡"那句旧话来评议，那么可以说，在汲古阁本和北监本《欧史》刊行之后，不仅《五代史记》这个书名被弄没了，就连作者"欧阳脩"这个人，也给整没了。

清乾隆年间的武英殿本《二十四史》，底本多承用北监旧本。于是，殿本的《五代史记》，书名便是北监本的《五代史》，作者名也是北监崇祯再刻本的"欧阳修"。由于殿本《二十四史》在名义上算是"钦定"的，没人敢轻易说个"不"字。后来诸多翻刻、石印乃至铅印的本子，包括中华书局的旧点校本《二十四史》，就一路沿袭下来。与此同时，《唐书》（亦即所谓《新唐书》）题写的欧公名字，也经历了大致相同的变化过程。

鉴于《五代史记》和宋修《唐书》等典籍作者署名的强大影响，不自觉间也就逐渐积非成是，当代学者或把"修"字视作本名，或以为"脩""修"并行，不辨是非正误。最坏的事情，是中国官方竟把"欧阳修"指定为惟一标准的写法。于是，天下万民也就以非为是，年年岁岁，一直这么写了下来。惟一令人欣慰的是，最近中华书局修订出版的所谓《新五代史》，把作者的题名，始重新改正为"欧阳脩"。不过，点校者似亦未尝深究其间的道理，恐怕只是遵从早出宋元刻本的写法而已。

明白了"欧阳修"的写法只是书籍版刻过程中造成一个讹误，而当今国家法定的所谓"简化字"又没有废除"脩"字不用，那么，即使是在现行的"简化字"体系当中，恢复"欧阳脩"的写法，也就应该是势在必行的事了。不过，主管的官员究竟有多高文化，能不能明白其间的道理，就很难说了。

与上面讲到的事例类似，在中国历史上，还有一些重要典籍的书名和重要作者的人名，因版刻文字的错讹而"谬种流传"，贻误深远，有待读者在读书过程中细心观察，抉微剔隐，以恢复其本来面目。我希望上面所讲的内容，能够引发更多的人关注这一类问题，从而有更多的人来积极探求并解决这样的问题；在我们杭州，这个中国古代的版刻圣地，尤其应当如此。

各位女士，各位先生，我的话，就说到这里，谢谢大家的耐心。

2016 年 5 月 6 日下午讲说于杭州晓风书屋

关于中国印刷史研究的一些想法

拙著《中国印刷史研究》即将在生活·读书·新知三联书店出版。这是 2004 年我到北京大学历史系工作以后，结合"版本学概论"课程的讲授，对中国印刷史上一些重大基本问题的探索。在这本书就要印出的时候，我想在这里谈谈对中国印刷史研究的一些肤浅想法。

以往有关中国印刷史的研究，往往与版本学研究，特别是版本类别和版刻演变的历史，具有密切联系。因此，相关的认识和论述，多与版本学的论著融合为一体。这是我们首先要了解的一个基本现状。

另一方面，近一段时期以来，国内外都有一批学者，超轶对书籍印刷本身的关注，从更广阔的社会视野，来阐释印刷术的作用和意义，以及相关影响因子。这是中国印刷史研究的一个颇具特色的动向。

传统的中国印刷史研究，虽然有许多论著主题不够明晰，与版本学纠结不清，但具体针对的对象，却都是直接针对书籍印刷技术的产生和演变。

在这方面，国内比较系统的论著有两种，其一是赵万里为《中国版刻图录》写的序文，其二是张秀民的《中国印刷史》。国外则以卡特的

《中国印刷术的发明和西传》和秃氏祐祥的《东洋印刷史序说》为代表。赵万里为中国印刷术的基本发展历程勾勒出了基本脉络，特别是指明了南宋印刷业在书籍印制形成上的地域特征，为功甚巨。步其后尘者，有两位著名学者：宿白对两宋的印刷品，做了更为深入系统的探讨；黄永年对明清印刷品的时代和地域特征，做出了清楚的划分。卡特特别强调了中国印刷术的起源与欧洲的印刷术一样，是以宗教的需求为原动力，秃氏祐祥则对中国印刷术起源的印度佛教背景做了细致的分析。

张秀民的《中国印刷史》影响很广，搜集排比相关资料也下了很大功夫，可钦可敬。但殊尠创见，令人遗憾。日本学者神田喜一郎就明确谈到过这一点。

其余大量著述，仅有像向达《论唐代的印刷》等极个别优秀的论文，此外大多平庸劣陋，殊不足道。当然，这主要是中国国内的情况。国外的则有伯希和、藤田丰八等学者，在一些重要的具体问题上，提出了很好的见解。

在我看来，这些平庸乃至劣陋著述存在的缺陷，主要有如下三个方面：

（一）捕风捉影，缺乏深入的分析。如李致忠看《后汉书》的"刊章捕俭"句中有一个刊字，就说东汉发明了雕版印刷术；张秀民看到了明朝嘉靖年间人说唐太宗曾令将长孙皇后的《女则》"梓行之"，不问史料迟晚能否信赖，就说唐太宗贞观年间即已应用印刷术。类似的论调比比皆是，日甚一日。在近年，仅见艾俊川等个别学者，能够深思熟辨，提出富有创见的观点。

（二）孤立地看待印刷史问题，缺乏对各项相关要素的全面分析。

在这一方面，正面的例证是黄永年先生对历史版刻特征的分析，堪称典范。相比之下，大多数平庸的论著，都只能简单排比罗列直接述及印刷史事的资料，以致研究难有深度，甚至很难称作研究。

和文史研究中所有领域的研究一样，这一点主要是由研究者的素质——即研究者学养的厚度和深度所决定的，学养越是浅薄，这一缺陷必然越重。我们看到的实际情形是：越是版本、印刷史"专家""权威"，这种弊病越显著。

（三）病态民族主义观念浓重。这一点，集中体现在印刷术起源的研究中。潘吉星、李致忠两人最有代表性。此外，孙机在研究这一问题时，也显露出相似的思想倾向。潘吉星等人在研究中甚至使用"我方""韩方"这样的所谓"国家"为整体的敌我对立词汇，性质十分恶劣。

人类文明是在开放的交流中发生、发展的。印刷术的发明就直接导源于印度的"佛印"。只有抱持一种开放的心态，才能客观对待历史问题，揭示历史真相。对待印刷术起源问题如此，印刷史研究中还有一些类似的问题，有待以这种态度来做出新的研究。

从 2004 年到北大教书时开始，到现在已经有十二年了。十二年来，我结合教学工作，逐步思考了中国印刷史上的重大问题，有些已经成文，主要体现在这本《中国印刷史研究》中，还有些尚未顾及写出。最近，我已经和某出版社原则上商定，将在两三年内，写一部简明的中国印刷史，体现自己的这些新看法。

2016 年 10 月 2 日记

写在《中国印刷史研究》出版的时候

近日，拙著《中国印刷史研究》，在生活·读书·新知三联书店友人的帮助下出版发行了。对于我来说，这部书体现了迄今为止自己对印刷史研究的主要努力，因而不能不为之欣喜。欣喜之余，想在这里和各位读者谈谈这部书的总体情况和相关缘由，以及自己在研究过程中的一些主要想法，说说自己的心里话。讲得不一定对，但真。这或许对阅读和理解此书能够有所帮助；同时，也便于大家理解我的意图，提出更有益、也更有针对性的批评和意见。

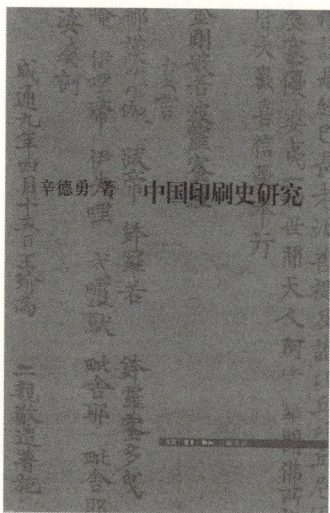

拙著《中国印刷史研究》封面

一

首先说明，这是一部专题研究论文的合

集，不过论文编入此书时不同程度地得到了一些修改润色。收录在这里的文章，主要集中讨论了中国古代印刷史上的三个重要问题：一是印刷术的起源问题；二是在中国印刷术的早期——唐代后期，会不会雕版印刷像白居易和元稹这样著名文人写作的诗篇，而讨论这一问题的实质，是怎样认识雕版印刷术在其发展初期的传播扩散过程，与印刷术的起源及其产生原因本密切相关；三是明代所谓"铜活字"印本问题，这牵涉到活字印刷的起源及其技术原理，实际上是在阐释怎样合理认识中国古代活字印刷的早期发展状况。因此，也不妨把这部文集的内容概括为：它是对中国古代雕版印刷与活字印刷早期历史的研究。

《中国印刷史研究》目次

有些看惯了当今官样教科书式"专著"的读者，可能对我以"中国印刷史研究"这样堂堂皇皇的字眼儿来给这部论文集命名，感到不大适应，觉得名不副实，甚至有些难以接受。然而，所谓"研究"，本来就是这个样子，就是要集中焦点解决疑难问题，立一个题目，写一篇文章，得出一个新的认识。所谓"著书立说"，不是泛泛叙述已有的认知，也不是简单地串连和写录相关的材料。它不能等同于"编书"，当然与横着膀子"攒书"更不是同一回事。

时下秉政者大力鼓吹学术研究的"创新性"成果，似乎像是倡行一条为学正道。但稍一思索，却觉得很不是滋味。盖学术研究本以创新为本质特征和根本目的，没有创新，就谈不上研究。若是没有创新，写出来的东西，不是山寨，就是胡言乱语，那就根本不能说是学术研究。作为行政管理的主事人员，强调学术创新，而且还要对茫茫学海中难得一见的所谓"创新性"成果予以特别的表彰（由于种种人为的努力，实际表彰的还往往是江湖骗子的幻术，这样的情形也早已屡见不鲜，成为一种"旧常态"），这也就意味着实际上在大学、在研究所，学者产出的"成果"大多只是晋级升等的敲门砖，或是专用于谋取"国家"从纳税人身上征收的"经费"。在历史学领域，这样的"研究成果"，自然只能是"编书""攒书"，远远看上去却很"系统"。挪用时下流行的市井俚语来描述，是既高且大亦上，一副俨乎其俨的模样。

各个学术单位和众多学者的研究，在现实中面临着颇多无奈。然而不管身处什么样的社会环境，总是还有个人的选择问题。这种庙堂下的学问既然不是我心目中憧憬的景象，就不妨退处斗室，把自己的书斋视作荒江老屋，尚友古近先贤，静心自为而复自得，按照自己喜欢的方式，撒开欢儿来写自己喜欢的题目。

于是，就有了这样一部不大像所谓"专著"的专题著述，原因只是想深入探讨问题，清清楚楚地提出自己的观点，切切实实地努力推进对这些问题的认识。这样做研究，固然很费力气，同时还很费时间。尽管只是汇聚了三篇文章，但写作花费的时间，最少的也在三年以上。像关于印刷术起源这篇文章，从开始搜集资料准备撰写，到成文发表，前后竟耗去十多年时光。

二

尽管编次在这里的是几篇各自单独成篇的论文，但在这些文章当中也贯穿着一些共同的思路和视角。其中居于核心地位的一点，是保持开放的文化观念，以求真求实为根本原则和基本出发点。

印刷术的发明和应用，对促进文化的发展与交流，为功甚巨，是人类历史上具有划时代意义的重大事件。无论发明者的后裔从属于当今哪一个人群，这些后世子孙及与其具有某种共同性的人群（其共同性认知，譬如同一大洲、同一人种、使用同样的文字或语言，当然认同感更强的是同一现实的国家），往往都会引以为傲。对这种自豪感的追求和享受，使一些研究者会以争夺本民族、本国家甚至本乡本土的发明权作为预设的研究前提，或者说是从事相关研究的根本目的，至少在中国和韩国，有很大一部分学者已经做过不少这样的研究，其中有些还有明显政府背景。

不管研究者自以为肩负着何等神圣的使命，或是具有多么崇高的爱国情怀，符合自己期望的成见既已先入为主，就已经背离了学术研究的根本原则，当然也就很难有科学的研究结论了。关于这一点，我认为，以往中国一些学者，在印刷术起源的研究中，在中国应用铜活字印书启始时间的研究中，弊病都是相当严重的；即使是在本书讨论的唐人"模勒"元白诗这一问题的研究中，至少有一部分视此"模勒"为雕版印刷的学者，或有意识、或无意识，实际上也受到了同一观念的影响，希图尽量提早中国应用雕版印刷技术的时间。

我在从事中国古代印刷史研究的时候，始终注意坚持以实事求是为依归，努力探求事物的本来面目。正因为如此，才能超越旧有的藩篱，提出一些新的看法。在这一点上，历史地理学界（这是我本来的专业）的老前辈谭其骧先生，其卓越风范一直令我仰慕不已。当年，在中越西沙海战硝烟初散未久，南海诸岛的历史归属问题极为敏感而前此已经有很多中国学者发表了"立场"鲜明的文章的情况下，谭其骧先生悉心审辨历史文献记载，刊布《七洲洋考》一文，就相关岛屿在历史时期的名称问题，提出了与众不同的见解。我希望自己能以这样的态度和勇气，来对待所有学术问题。

在这本小书中，有两个问题的论述，非常突出地体现这样的立场：一个是印刷术的印度渊源问题，另一个是朝鲜半岛率先使用铜活字印刷，并且在这方面曾大大领先于中国。我的具体看法，可能有很多中国人不愿意接受，而且随着研究的进一步深化，也未必不可更改，但我相信，这样的学术精神，是正确无误的，我也一定继续坚持下去。

在特定的社会环境下，即使是象牙塔中的纯学术研究，也会给社会造成一定的影响，有些研究甚至会很严重。在中国，由于近代饱受列强欺侮的历史，过去很多学者持有较强的民族观念，或许尚可理解，而且也曾具有某些积极的社会效应。然而，面对当前的世界形势，任何一个负责任的学者，都应该高度警惕它可能带给社会的负面影响。

一段时期以来，世界上许多国家和地区，由于不同的原因，一股浓烈的狭隘民族主义和反智民粹主义思潮，由日渐蔓延而至勃然振起。所有有良知、有理智的知识界、文化界人士，不拘左派、右派，对此都应旗帜鲜明地予以抵制，携起手来，抵制极端的民族主义和民粹主义，以促使社会保持健全的理性。

就是在中国古代版刻研究领域，多年前某单位正式公开发行的一部辑录刻书牌记的图录，作者竟然使用"自以为是、妄自尊大之岛国劣根性"这样的纳粹式语言肆意攻击日本学者的研究。这一事例足以说明，如果听之任之，这些极端思潮的发展，即使是在学术研究当中，也会卑下无止境，癫狂无止境，不只是穿着马夹在互联网上耍耍流氓而已。现实不能不让我们警醒。在还能讲话的时候，每一个有正常教养的人，都有责任遏制其增长势头，扼杀其内在的邪恶暴力有一天会膨胀到令我们不能发声的地步的可能。

本书出版发行之际，正值国际形势发生重大变化之时。面对美国政局的转折，不论东方、西方，各种极端的民族和民粹势力，必然登高歌笑，弃衣奔走。现实愈加令人忧虑，忧虑世界堕入暗黑的深渊。我期望，这本小书通过具体事例揭示出来的中国文明在与外部世界交流中发展壮大的历史事实，能够有助于更多的人，以史为鉴，永不封闭开放的情怀，更加自觉地坚守文明的底线。

三

谈到撰写这几篇文章的共同方法，或者说是写作过程中着力注意的事项，有一点看似很简单，很平常，更准确地说是一个最为初步的入门要求，但很长一段时间以来，相关研究者做得却并不是很好，甚至也可以说是普遍做得很不好——这就是全面把握前人已有的研究，予以认真对待。

现在大学里的硕士、博士写学位论文，导师要求学生奉行的"学术规范"，开宗明义第一条，就是充分掌握并深入理解学术界已有的研究成果。由于这是学位论文选题得以确立和展开论题所要必备的先决条件，学生往往将相关内容，列为学位论文的第一章；而专家审核论文，也是首先着眼于此，察看学生的论文是否具备起码的基础。既然生生徒徒都是循此路径入门问学，先行的长者著书立说，当然更应作法垂范。然而，事实并非如此。

譬如，关于唐人"模勒"元稹和白居易的诗篇究竟是怎样一种制作方式的问题，时下很多专门的论著，都把它理解为雕版印刷。这种说法固然渊源有自，从乾嘉时期的著名学者赵翼，到清末民初的版本学巨擘叶德辉，再到现代最早开拓古代版刻研究的学术大师王国维，都是如此看待这一问题。在这种情况下，一些并不以全部精力来专门研究印刷术的学者，或是比较平常的通述性书籍，简单沿承上述权威学者的说法，完全是可以理解的。

　　然而，对于那些以研究古代版刻印刷为职事的"专家"来说，就必须知道，事情并非如此简单。日本学者神田喜一郎、桑原骘藏，法国学者伯希和，美国学者富路德，中国学者向达、蒋元卿、陈登原、翁同文等，都相继对此表述过不同的看法。

　　所谓唐人"模勒"元白诗的问题，并不是唐人可能述及雕版印刷的一个可有可无的例证，如果确实讲的是雕版印刷，它不仅是一项时间很早的记录，而且还牵涉到中国早期雕版印刷技术在社会不同领域、不同层面传播扩散的历史进程问题。因此，一个具有相应见识而且负责任的学者，不能不同等对待这两种不同说法，做出自己的考辨分析，然后才能有根有据地做出从违取舍。

　　然而，令人十分遗憾，同时也会让很多普通读者感到费解的是，直到近年出版的一些很专门的论著，大多都还对神田喜一郎、桑原骘藏、伯希和、向达、翁同文一派人的意见，宛如视而未见，漠然置之。在这当中，有些是出于自己既定结论的需要而刻意回避，但实际上还有很大一部分人，确实是闭目塞听，对上述这些人的著述和观点略无所知，其中也包括身居高位的某些著名"专家"。这或许有些令人惊讶，但当今中国印刷史研究领域的实际情况就是如此。

　　因为这不是一个偶然的孤立现象，同样的情况，在印刷术起源的研究中表现得更为突出。我前后耗费十多年时间来探究这一问题的真相，但最终得出的结论却大大出乎我的意料：我的基本结论，只是在藤田丰八、向达和秃氏祐祥诸位先生既有观点的基础上做出一定的推进，而藤田丰八等人的基本见解，早在二十世纪二十年代就已经提出！

假如是不同意他们的观点，尽可充分展开讨论，加以辩驳，可实际情况同样是尠少有人提及这些著名学者的重要研究。这里面既有研究者外文阅读能力的限制，也有因基本学术训练不足而不知理应先行全面搜集相关研究成果而造成的疏漏，可能还有人因狭隘民族观念作祟而刻意加以忽略。不管怎样，无视、漠视前人已有的重要研究，后果是相当严重的：它极大地妨碍了相关研究工作取得实质性的进展，甚至也可以说使相关研究根本无法走入正确的轨辙。

四

像上面举述的问题一样，在历史学研究中，我们可以遇到很多很多问题，前人往往有不同的看法，而且往往越是重要的基础性问题，异说越多。这是因为解决这些问题都有很大难度。在我看来，遇到这样的问题，只能迎难而上，予以梳理辨析，尽可能提出合理的解释。既不应简单地择取自己想要的观点，也不宜回避分歧，超越对这些基本问题的认识，而径行按照自己设定的高大上"问题意识"，讲一些玄之又玄的大道理。

这涉及历史学研究的基本旨趣和根本方法，虽然不会言人人殊，但也很难让普天下学者取得共同的认识。常语云"道不同不相为谋"，因而只能是各尊所闻，自行其是。

做学问，搞研究，谁都不会生而知之，需要从师问学。所谓"各尊所闻"，就是遵从自己学到的治学方法和路径。我从事历史学研究，受学于史念海先生和黄永年先生，在具体的治学方法上，更多受到黄永年先生的影响；特别是版本目录之学，乃入门伊始遵奉史师之命，从永年师处习得。因而研治斯学，自然多效法黄永年先生。

时下在历史学界，很多人都认为，要想做一个像模样、够品位的学者，大致需要具备如下两点特征：一是要关注并紧跟世界最新潮流，特别是要瞪大眼睛看住并立马寸步不离地跟紧美国哈佛大学那些人的脚步；二是要自成一家而不与他人讨论问题的是非，甚至有些自视其品位足够地道的学者，还会把你对问题的论辩，或是通过深入论辩才很艰难地得出的新见解，看作是小字辈儿学徒所做的很烂污（low）的综述。生值斯世，实在是很悲哀。因为我不仅贴不上这两个"镂构"（logo）的金字标识，而且还常常与之背道而驰。我所讲的"自行其是"，指的就是这一点。

谈到世界学术潮流，不拘西洋、东洋，很长一段时间以来，倒是出现一股讲说出版印刷史事的风潮。赤县神州，当然也颇有人顺应时势，预流扬波。然而以余之固陋，所见论著，似多于书籍印刷本身颇显隔膜，往往是基本常识欠缺严重，基本史事模糊不清，甚至谬误连连。这样一来，其在版刻印刷之外因高深的"问题意识"而生发出来的种种玄妙议论，真是好一派绚丽的毛羽，竟没有皮张可以附着。这就很难说到底具备多少实实在在的学术价值了。

这种情况，与我在环境史研究中看到的情形颇为相像。因为我在大学本科学的是研究环境的地理学，多少懂一些基础知识，从而比较容易看到其中的问题。其情形正如我对古代版刻稍微花过一些功夫，因而能够看到童颜素人奋力投身斯事之后所造成的弊病一样。审视印刷史和环境史这一研究现状，不能不让我推想，这恐怕不会是在一两个看似"时髦"的学术研究方向上偶然遇到的个别现象。尽管世风如此，但这样的研究，实非余之所好，也不符合老师教给自己的治学路数。因此，这本小书，探讨的都是一些很传统、也很基本的问题，希望能够切中实际，针对难点，扎扎实实地推进中国印刷史的研究。

问题很老，研治的路数更是陈旧，只是简单的史事考辨。落伍过甚，自信有时便难免会有所动摇。不过王国维先生讲过的下面这一段话，常常给我以支撑："学无新旧也，无中西也，无有用无用也。凡立此名者，均不学之徒，即学焉而未尝知学者也。"(《观堂别集》卷四《国学丛刊序》)国学大师都这么说了，后生小子，自不妨任性一下，耐得住寂寞就是了。在我看来，学术有两项本质特征，一项是朴素，另一项就是寂寞。

走自己选择的学术路径，我能耐得住不合时宜的寂寞，可别人却时有非议。非议最多的，就是我在论证问题过程中，对既有学术观点的辩难，这就是前文所说一个好的学者是不是需要与他人相互讨论的问题。

谈到选择什么样的问题做研究或是研究什么样的问题才富有学术意义，我经常想到登山家在回答为什么要登山时讲的一句话："因为山就在那里。"套用到我对待学术研究的态度上，便是"问题就在那里"。一个学科，最基本的问题就横亘在那里，我无法回避。有很多人，往往看不到这些问题，以为早已形成定论，再无余义可求，自然不会关注这些问题，但我看到了现有成果的不足，就不能置之不理。

一个科学的结论，要能够经得起检验。有疑窦，就要提出质疑，展开考辨，以期得出合理的判断。所谓"不破不立"，讲的就是这个道理。这部书中论述的几个问题，都花费大量笔墨，对我不能认同的种种观点，逐一加以批驳(印刷术起源问题尤甚)，就是基于这一认识。对于我来说，考定这些观点不能成立，是确立我自己看法的必备前提，也是论证自己看法时不可或缺的步骤，盖"汉贼不两立"也。在这一意义上讲，破就是立。这本是我承自永年先师的治学方法，而若是再向前追溯，则可以看到，清代考据学家即曾普遍这样论证问题。就学术发展的整体历史而言，亦可谓"吾道不孤"。

在这里还需要稍加说明的是，我在写比较严肃的学术论文的时候，不仅对所辩驳的对象，其他凡是提到既有学术观点的时候，都要尽量明确指出这些提出学术观点的具体学者，或是代表性人物，绝不含混地使用"有人说""有些人以为"这类找不到是谁的辞语。这部《中国印刷史研究》同样如此。在我看来，这正是充分尊重讨论对手的表现，同时也是对自己言论负责的做法，这也是一篇合格的学术论文所必须遵守的技术规范。因为只有这样，读者才能全面、清楚地了解论辩双方的论证过程，做出自己何依何从的判断。

现在颇有那么一些人，或许是因为很少接触清人的考辨论著，同时也很少阅读民国时期学者那些针锋相对的学术探讨，只看过现在那些被编辑按照"组织"要求弄得稀里糊涂的官样文章，少见自然多怪。习以为常，积非成是，以至根本不知道真正的学术研究究竟应该怎样展开论述（数十年来，直到前不久一段时间，批评或是批判什么人的观点以及是不是点名，是只有组织才有权力操弄的事，大部分刊物，现在大多仍然恪遵这一悖戾学术传统的恶习）。

在他们当中，还有很少一小部分人，大概是从小爹娘不加管教，整天耍流氓耍惯了，动不动就按照自己的流氓习性，把别人严肃认真、有根有据的学术批评，诬称为"骂人"，或标识为"毒舌"；另有一大群蒙受吾国特殊阳光雨露养育起来的学术"小粉红"，则又莫名其妙地把学术批评看作是对被批评者的一种"不敬"，从而神圣地宣判批评者"缺乏修养""不厚道"。尽管是个"小世界"，但学术界毕竟也是一个生态体系，自然什么物种都有。今天的中国学术界，早已见怪不怪。

另外，在提及相关学者的时候，我一概直接指名道姓，省略"先生""老师"以及表字斋名之类尊称雅号。盖临文不讳，本是学术著述应有的体例，是科学性的体现，借用一代学术巨擘顾炎武的话来说，就是"不讳者所以为信。此圣人之法，传之万世而不易者也"（《亭林余集·庙讳御名议》）。

五

除了对研究问题的选择和在论证过程中对既有观点深入展开讨论之外，还需要向读者解释一下我在论证方式上的另一项追求：这就是不厌其详。

历史学的研究论文，和所有学科的研究著述一样，每个人都有自己的写法，自然不会完全一样；更没有必要像时下一些人鸹噪的所谓"学术规范"那样，刻意把学术论著写成僵硬的八股，结果千人一面。

我知道，很多人主张所谓"清通简要"，用笔行文，要尽量简洁。读研究生时，老师史念海先生，给我讲过他年轻时的一位室友，经常深更半夜把他叫醒，探讨《聊斋志异》某处为什么只用一字而非两字，此公以为惜墨似此始臻妙境。然而，看我的文章，好像是下定决心要反其道而行之，类同韩信点兵，多多益善。

我对这一问题的认识，首先牵涉到对历史学研究论文性质的看法，而如何看待历史学研究论文的性质，实际上又要触及对历史学研究的属性的认识问题。

对待这一学科的研究，现在许多学者强调它的艺术性。与此相对应的，就是说不能像看待科学一样看待历史学，实质上是说历史学不是科学，有人就明确宣称这一点。

说起来，这似乎是个老问题。因为当年桐城派人士，即抨击乾嘉时期汉学家为文"类如屠酤计账"（方东树《汉学商兑》语）。"屠酤计账"，固非美文，但若是衮衮韩欧诸公不幸落魄至以宰牲贩浆维持性命并且也有计账存世，除了字体之书卷气非杀猪卖酒者可比之外，内容与文采，恐怕同生在屠酤之家的草民不会有太大区别。此无他，文字的性质使然。

著书作文，衡量行文和词句的优劣，首先要看其文字是否符合文体的性质。譬如，欧阳文忠公给《新唐书·艺文志》写的小序，备受桐城学派中人推崇，奉作美文的范本，但通观全篇，五六百字的篇幅，洋洋洒洒，或许在"幡司"（fans）眼中，美轮美奂（斗胆说句大不敬的话，文中诸如"呜呼，可谓盛矣"这样的空虚感叹，窃以为类同足球场上球迷的狂呼乱喊而已，写在这里，实在不甚得当，而欧公在发此感叹之前，讲述古往今来典籍目录的分合源流，谓相对于西汉的"七略"，"至唐始分为四类"，又差误殊甚），但对读者来说最为关键的内容、也就是亟须在这里了解的信息——这篇《艺文志》是依据什么资料或是根据什么原则来编纂的，却惜墨如金，只字未提，害得后人不得不多方揣摩，还是难得一明究竟。难怪清人阎若璩就欧阳氏之文与学感叹说："盖代

文人，无过欧公，而学殖之陋，亦无过欧公。"（《潜邱札记》卷一）

似此众口一词的千古名篇，实则质本无存，即使真的美妙无比，作为史学著述来说，其文辞之美，又将焉附？现代学者在有些历史问题的研究中恰恰重视敦煌、居延、吐鲁番、千佛洞等地发现的破烂"计账"，实质性原因就在于它虽然鄙陋，却质直无文，质未为文所掩。

归根结蒂，史学研究及其表述形式，还是要以纯正的科学性为第一要义，更具体、也更形象地说，就是质先于文，质重于文，这样才能切实保证实事求是。如果不是这样，轻视甚至否定其科学属性，主张史学研究的艺术性，那么，艺术的本质在于仅此一家别无分店的独创，仅仅就表述形式而言，世界上绝大多数吃这碗饭的人又怎样来执笔撰文呢？这实在非愚钝如余者所知，至少蠢笨如我，是与这等雅事无缘的。

除此之外，另外还颇有一大批人，在史学研究中强调研究者个人主观认知的重要性，极力渲染史事真相的不可知性，从而彻底否定历史学研究的客观性。对于这些人来说，文章更是想怎样写就怎样写是了。在我看来，这已经把学术宗教化了，所有的史事，实质上都已转化为信仰问题，我信，故历史如我心。除了刻意残害人命或是假借教义性侵信徒的邪教，我尊重一切正常的宗教信仰，对史学界这些虔诚的信仰者也同样敬之重之。但信仰只有信与不信的区分，是无须、也无法展开是非正误的讨论的。

既蠢到与艺术无缘，又冥顽不化，没有信徒般的虔诚，那么，回到科学的史学探讨上来，尽可能做出详尽的论证，就是我必须从事的工作，舍此之外，别无其他选择。

要想对一个复杂疑难的历史问题，尽可能做出详尽的论证，一般来说，不能不具备如下两个特点：一是对相关的文献，要广征博引，以求确证；二是对既有的成说，要辨难析疑，以明正理。

从另一方面看，研究中国古代历史问题，不管怎样努力，在你研究的所有问题中，总会有那么一部分，多多少少要留下一些遗憾，这是谁也无法避免的事情。但我们不能因此就在主观上放弃对完善论证的追求。清人魏源是喜欢"但开风气不为师"的，但看他在这一追求下撰写的《海国图志》等论著，实际上只能给转移社会风气提供帮助，作为学术著作，却粗劣过甚，讹误满篇。这不是我心目中的学术。

我一向认为，在历史学研究中，想到什么，提出什么，并不重要，甚至可以说一点儿也不重要，重要的是你究竟能深入认真地论证多少问题。谁也不一定真比谁傻多少，并不是只有你天赋聪明想得到，别人都是榆木疙瘩脑袋，怎么想也想不到（我读研究生时，一些富有学识的前辈要是在公开场合说某某人"聪明"，那多半是在讥讽其人华而不实）。不下功夫抖机灵儿，满世界嘚瑟空唱高调，既无益于学术，最终也枉耗了卿卿性命。看看晚明时期那些同样自以为聪明而且文章也确实写得很漂亮的轻佻才子，还顺手捎带着葬送了朱家的江山。

闭门治学和聚徒讲学是有区别的（清朝乾嘉学者多潜心问学于书斋，晚明学者最喜欢拉帮结伙、高谈阔论的排场），专题研究论文也不能等同于上大课的讲义。一个有责任心、同时也敢于承担学术责任的历史学者，从事研究工作的价值和存在的意义，关键是要努力深入论证并扎扎实实地解决一些横亘在我们面前的具体问题，特别是首先着力解决那些

复杂疑难的问题，而这些问题要是三言两语就能轻易说清，恐怕也不会
有多复杂，有多疑难。

要想很好地论证历史问题，就很难以所谓"清通简要"形式来做表述。
在这一方面，我特别喜欢日本学者的论著：极尽所能，曲畅其说。在展
开论证的过程中，往往既要对自己观点之所以成立一一加以阐释，同时
还要对那些虽然还没有人提出、但可能存在的别样理解做出辨析说明。
要想切实做好这样的阐释和说明，都不能只是红口白牙地讲自己如何因
独具只眼而看到了寻常人看不到的宇宙真理，还必须出示相应的证据。

所谓证据，主要就是史料依据，而史料中往往既有直接支撑自己观
点的记载，也有能间接证成自己观点的记载，有些时候还会遇到看似与
之抵触或是可能引发歧义的记载。那些正面的记载，不管直接、间接，
通常都有它的作用，按照严密的内在逻辑次序，有层次地引述那些看似
雷同而实际上各有侧重或性质、来源互有区别的史料，逐次展开论述，
才能充分证明观点的合理性。

谈到这一点，我非常认同清人程恩泽讲过的一段话："治史贵纷也。
读未终卷遂持论则陋，读一史未他及遂持论则塞。正穷乃稗，稗穷乃注，
注穷乃金石，全史酝酿，歧说旁溢，斯得之。"（《癸巳类稿后序》）
由正经正史，到稗闻野史，再到古注旧疏，以至镂金刻石之类的诸色文字，
使用时各自居于不同的层次，也分别切入不同的角度，交叉定位，共同
指认同一历史真相——这就是清代乾嘉时期以来诸多学人笔下的历史研
究，也是我向往和追求的历史研究。

清代乾嘉以来的学者，每证成一个具体史事，动辄引述十余条乃至

数十条史料，除了直接的纪事之外，往往还要旁搜远讨，以求证据详确。这些学者之所以多方举证，不厌其烦，是由于后人只是依据非常有限的史料来考察远去的历史，因而主观的认知，很容易产生歧误，举述诸多不同的史料，从不同的视角考察同一问题，就能够最大限度地求取客观的真实，避免误入歧途。昔梁启超先生尝以为这就是最科学的方法，我希望自己能够始终遵循梁任公指示的这条路径。可能有很多人不习惯我的论证方式，我想，要是这些读者也能多看一些前清学人的著述，而不仅仅关注像巴雷特那样的泰西教授怎样做研究，至少其中有一部分人，看法也许会有所不同。

在研究过程中尽量充分掌握各项相关资料，同样不能对那些在一般人看来可能不利于自己观点的史料视而不见，至少对于其中一部分比较重要的内容，也要在论证过程中做出必要的说明，讲明自己的释读，这样才能排除读者的疑惑，对所论问题，给出一个清清爽爽的结论。

更为需要耗费笔墨的是，你探讨的既然是疑难问题，往往难就难在古往今来已经有很多学者做过研究，提出过不止一种看法，有些可能已经成为通行的定说，而这些看法实际未必能厌人意，至少重新审视这些问题的研究者对此并不满意。要是我遇到这种情况，只能一一考辨，有根有据地明确指出这些旧说不能成立的道理。这样一来，必然又要增大论证的繁复程度。这就像自然科学工作者用实验的方法验证种种学术假说的是非正误，一个科学新发现要想取代旧有的认识，这是必不可少的论证过程，只不过在历史问题的研究中主要是依赖史料考辨而已。

上述谈到的这几种论证形式，在这部书中都有很突出的体现，我走的，是与"清通简要"一派截然不同的路径。

常常听到一些学术界中人讲，品位足够高大上的大师，都是在穷尽史料且烂熟于胸之后，才返璞归真而能举重若轻，拈出一条关键材料，就支撑起超绝浅学俗儒的宏论。既然坚守学术研究的科学属性，我就不信神。且不说这样行文的学者是不是真的能够博览群书、知悉所有相关的史料（例如，业师黄永年先生晚年和我谈起陈寅恪先生的著述时，讲得最多的话，就是越仔细阅读，越对寅恪先生治学之粗感到意外，像有些研究连《册府元龟》这样的基本书籍都没有能够注意利用），即使博闻强记，过目不忘，但依照我这种粗笨人的经验，动笔、不动笔，对同一材料认识的深度和读解信息的丰富程度，常常会有很大不同，而像我这样累累赘赘地一一征引剖析才看得到的一些内容，恰恰为那些刻意追求行文轻省者所未知，这就说明那些看似多余的笔墨实际上是省不得的。

窃以为学术文章就是学术文章，我从未领略到任何一篇受到诸多学人普遍赞誉的学术"美文"具有值得欣赏的艺术性。要是有时间赏析文章辞彩，我不会选择任何一位现代学者的学术论著。哪怕是稍稍静下心来，细心品味一下每天当作史料研读的古代典籍，也许会去看《史记》《汉书》，看《赵飞燕外传》《金瓶梅词话》，看《诗经》《楚辞》，看《夹竹桃》《白雪遗音》。何况赤县神州之外还有很多自己从未读过的文学名著，反正不会去死乞白赖地琢磨某某大师某篇论文的某个字句写得有多精妙，自己更不会在撰写学术论著的时候刻意以文辞自嬉。

再说，做研究，写文章，本是生命的重要构成部分。生命是一个过程，结果并不美妙。所以人一定要努力在生活中享受生命的愉悦。和对生命的感知一样，从事学术研究，最让我享受的，是按照严谨的逻辑程序展开论证的过程，而不是一句话就能讲明白的结论。这样的论证过程，越是细密绵长而又跌宕起伏，越令我陶醉，令我沉醉。我相信，你要是一个有着同样怀抱而且也具有足够的情趣、同时还有足够生活经历的人，你懂的。

在我看来，那些只关心结论而不在意论证过程的学者，不是学术使命感太强太重而令人心生敬畏，就是人太无聊，太枯燥，让人感觉乏味。

我讲这些话，并不是说所有人的文章都应该这样写，恰恰相反，我在前面已经讲过，每个人的文章有他自己的写法，这里讲的，只是我个人对学术论著表述形式的基本要求而已。我从来没有向人讲述过文章怎样写好、怎样写文章才算第一流文章这类教师爷话。更不会现身说法，拿自己的文章做模板，要求后生小子去追从。我知道，就像我也有不喜欢的写法一样，一定会有一些人不喜欢我的写法。我自己对待这一问题的做法是：不喜欢，尽量少看、不看就是了，绝不会去自讨烦恼。

另外，我讲这些话，也不是说写文章越累赘越好，越啰嗦越好，材料摆得越多越好，把文字胡乱堆砌到一起就成文章。文章虽然写得很差，但在属笔为文的时候，我对谋篇布局、哪些材料该引哪些不该引以及在什么时候引什么材料，乃至遣词造句，也是颇费心思斟酌的。实际效果也许并不很好，甚至很糟糕，但那是因为自己实在拙于文辞，盖文有别才，非关学也。

六

除了上面讲到的这些对学术的原则性思考之外，这部书中比较具体的研究特点，或者说是我自己努力把握的研究理路，主要有如下三项。

第一，是在分析问题时，注意切实把握实在、具体的内在联系。

以往有关中国印刷史的研究，其中有很大一部分论著，缺乏对各个相关因素之间具体关联的深入剖析，而流于简单的铺叙。这一缺陷，在中国印刷史研究的各个方面都很普遍，而在印刷术起源的研究中尤为突出。

在历史研究中简单连缀铺叙相关文献记载，其最大的弊病，不在于缺乏所谓"问题意识"而难以具有深度，真正严重的问题，是往往难以清楚认识各个事项的本质特征及其相互之间是否具有内在的联系，从而或因既定的叙述轨辙而难以厘清这些具体事项的真实状况，或因简单看待某种表面上的近似特征而把一些本来没有关联的事项串联成一条前因后承的发展链条。

例如，在论述明代弘治年间兴盛一时的所谓"铜活字本"时，海内外各地的学者，都是只看某些印本上标识的"铜板"二字，便众口一词，指认这些用"铜板"摆印的书籍，是"铜活字"印本，而不愿稍加思索，考虑活字印刷与雕版印刷在技术上的主要区别就是版材与字钉的材质往往并不相同。例如，北宋人毕昇最初采用的方法是铁板（版）泥字，南宋人周必大虽然也用泥活字，但却改换成了铜板（版），明末方以智和清前期人王士禛见到的活字印刷方式，则是铜板（版）木字。在这种情况下，见到书上标称"铜板"，就将其视作铜活字印本，显然太过匆率，完全忽视了活字印刷的本质特征：即构成字版的各个不同部分在材质上可能会存在明显差异。实际上，当时人本来清楚记载这些所谓"铜活字"

印本，系"范铜为版，镂锡为字"，即属锡质字钉，因而正确的说法，只能是称作"锡活字本"。

又如，很久一段时间以来，在中国印刷史研究中，泛起一股所谓"大印刷"的风潮。所谓"大印刷"，就是打破传统上把以纸刷印视作印刷的基本定义，几乎把一切文字和图案的原形转移方式，诸如秦汉间人之印染花布乃至三代昌明盛世以陶范铸就之钟鼎铭文，都认为是雕版印刷的滥觞。以此横推，至于把嬴秦时期合数范而制成的一些陶文，视作早期活字印刷的产品。按照一般的通识常理，已经很难领悟这些非常异议可怪之论。

然而在印刷术产生的技术渊源这一问题上，其他那些更为普遍的说法，实际与此颇有相通之处。在讲述这一问题时，大多数人都要提到按捺玺印和捶拓碑石铭文等看似与印刷差相仿佛的文字转移手段。

但令所有这些人都难以回答的是，玺印和拓印技术都应用甚早：前者，有人甚至据此把印刷术的起源追溯到了西周中期，而到战国时期，玺印的使用无疑已经非常广泛地通行于社会；后者在南朝时期也已经相当成熟。可为什么印刷术的出现实际要比这晚上很多呢？前面提到的那些"非常异议可怪之论"，同样存在这一问题。

不愿思考、更无法说明这一实质性问题，也就难以回答印刷术产生的原因究竟是什么。解答这一问题的关键，就是准确把握诸如玺印、拓印这些文字符号的原形转移手段与印刷术之间是否存在内在的联系，而深入分析的结果，答案是否定的。否定掉这些稀里糊涂的说法，我们才有可能走进历史的真相。

第二，是深入分析各种不同类型、不同性质印刷品的社会意义，注意把握其社会性质差异对印刷术发展的不同意义，从而理清其时间发展次序。

在分析印刷术的起源和早期发展历程时，我特别注意把握两个关键事项：一个是早期单幅印制的陀罗尼经咒，另一个是唐人"模勒"的元、白诗篇。前者是探索印刷术起源问题的关键，后者是揭示印刷术早期发展历程的关键。

唐人印制的陀罗尼经咒，研究者都会提及，但只有宿白先生等极个别学者，深入剖析过其本身的前后演变序列。遗憾的是，宿白先生等人仍未触及这些陀罗尼经咒与印刷术产生的关系，亦即未能注意到这些陀罗尼经咒的早期梵文形态及其社会属性对批量印制的强烈需求。

通过深入分析其内在属性和外部形态，则可以看到，正是密教在开元年间的勃然兴盛，造成了社会大众对陀罗尼经咒的强烈需求，以至往生他界时也要身佩这样的经咒，若是原汁原味的梵文文本，功效将尤为灵验（实际上那些梵语咒文也根本无法翻译成中土的文字，所以后来也只是费劲巴力地用方块字来勉强音译），问题是能够书写梵文的外文专家罕若星凤，相对于社会大众的普遍需求，无异于杯水车薪。迫不得已，人们想到了前不久才从印度传入中国用以捺印佛像的木模，也就是所谓"佛印"，而陀罗尼经咒短小的篇幅，也勉强能够用几个木模把它拼凑捺印到同一幅纸上。这样的印品一旦出现并广泛流行，由此再稍加改良，改数个木模为一块整版，再把木版之施墨于纸由俯压纸面改为仰承刷纸，真正的印刷术就很自然地诞生了。

　　唐朝人通过"模勒"的形式复制元稹和白居易两个人的诗篇，也是大多数印刷术研究著述都会提到的一件中国应用印刷术的早期实例。然而，从来没有人认真考虑过元稹和白居易诗作的性质，从而进一步思索：在元、白两人生活的时代，若是雕版印刷他们两个人的诗篇并用以贩卖，这意味着雕版印刷术的应用范围已经扩展到世俗文人的流行诗篇。

　　然而这并不符合情理。唐代印刷术的传播扩散路径，在进入文人士大夫的诗文这一领域之前，应是先行雕印科举考试最为重视的试赋，印行高中榜首之人的佳篇丽作。科举考试广泛而又强烈的功利需求，促使众多上层文士普遍接触、接受这种新的文字著述传播形式，从而才采纳用以印制诗文，并最终遍及其他各种书籍。

　　我们通过对各种刷品具体属性的区分和研究，就能比较合理地把握其在印刷术发展史上所处的位置，印刷术在中国发生和早期发展的历程，就比较清晰地呈现在我们的面前：由用一个源自印度的印模（也就是藤田丰八先生所称的"佛印"）来捺印一帧佛像，到合用数个印模捺印一篇梵文密教陀罗尼经咒，再到整版雕制、刷印梵文、汉文佛教读物和用品，再延展到社会其他信仰和世俗大量应用的"历日"（黄历）等民间读物。由此进一步扩散，则是韵书、字书等小学类基础教育书籍，中经应付科举考试使用的中式模板这个关键环节，最后才被上层文人士大夫逐渐接受，以之印制古今诗文，直至朝廷衙署国子监组织雕印神圣的儒家经书，从而迅速普及于各类书籍——从出生，到长大，各种不同类型、不同性质的印刷品，前因后承，有一条清晰而又实在的脉络贯穿其间，体现着内在的机理。

第三，是注意综合考虑各种社会因素对印刷术发展的影响，而不是简单罗列排比直接关涉出版印刷的史料。

研究出版印刷的历史，如同研究所有历史问题一样，一项深入的研究，必然要涉及很多相关的因素。这既不是教科书上对某一学科的标准定义所能涵盖，更不宜像某些没出息的从业人员那样，以自己脚下为圆心，再用小胳膊小腿作半径，划定一个圈圈，即所谓画地为牢，故步自封，试图以此来排斥他人出自更大视野的研究。要是再放胆多讲一句的话，现在有些人按照自己悟出的"问题意识"来搞看起来很时尚的研究，至少其中有一部分人，在本质上，同样具有这样的品性，以为若非同样"意识"到我想要看的"问题"，就不值一顾，算不上是什么研究。

我过去在研究中国历史地理问题的时候，就遇到过很多按照这样的规矩来"占山称王"的好汉。研究中国印刷史，也能感到同样有"圈子"里的"专家"者流，排斥他们那个"圈子"以外的人另行拓展视野来考察问题。譬如，有人就以实际看到的宋元古本太少这种莫名其妙的说法，来明里暗里地贬抑业师永年先生的版本印刷研究成果。

在历史学研究领域，不管是哪一个具体学科的人，怀揣这样的意识，在很大程度上，都是底气不足使然。要想拓展视野，对问题穷追不舍，首先便是对学者治学能力的考验。这是因为研究一个复杂的历史问题，到底会涉及哪些因素，跨越多大的知识范畴，初非研究者所能预先设定，故要求研究者在展开论述的过程中，能够逢山开路，遇水架桥。摆在面前的疑难问题，犹如战场上的敌手，十八般兵器中总共会使用多少种兵器，以及在战役进行中不同的时刻究竟该使用哪一件兵器，这都要根据对手的情况来决定。关于这一点，我在对明代所谓"铜活字"印刷问题的研究中，感触尤深。

在我从事这一研究之前，只有极个别学者（如南京图书馆的潘天祯先生），对明代所谓"铜活字"印书中的部分书籍，提出过否定的意见。这样的观点，虽然很好，但论证的格局和视野，都很局促，没有能充分说明所谓明"铜活字"印本的不合理性。

我在论证这一问题时，首先从所谓"铜活字"一说的由来，指明其产生时间很晚。从这类印本在明中期以后出现时起，直到清代中期，一向没有"铜活字本"的说法。这是从前人对它的记录和认知这一角度，来揭示"铜活字"云云并非与生俱来，甚至也谈不上"古已有之"，而是出自后人的认识。既然是出自后人的认识，就会有对有错，免不了会出现判断失误。验证的方法，则最好是尽可能全面地综合考虑各项相关因素。

为此，除了如上文所说，先是前后贯穿来考察活字印刷史上的字版和字钉，用以辨明"铜板（版）"的标识与铜活字无关之外，还考虑到明代铜资源的高度匮乏、明朝法律对民间用铜的严格限制和严厉惩处、由于铜质过于坚硬而中国传统的工艺缺乏大批量雕制铜活字的能力，以及明朝铜价过于昂贵，若用铜雕造活字成本过高，而且其效果并不比元朝人王祯既已应用成熟的木活字更好，以致绝不可能有一大批人同时来干这种烧钱的傻事。通盘考虑上述诸项因素，使我有充足的理由来否定通行多年的明铜活字印刷说。这一研究也使我愈加相信，只有这样才能更加切实地推进学术向前发展。

七

历史研究是一件很遗憾的事情，不管我们研究者在主观上如何努力，在前人基础上能够做出的推进，总是那么一点点，而且在纠正、弥补前人疏失的同时，又往往会造成新的错误。新的探索也有可能完全失败，至少会留下一些瑕疵。但这是无可奈何的事，既然走上了这条路，我们就再没有别的选择，甚至容不得犹豫，只能继续前行。

对这本《中国印刷史研究》论述的问题，有缺点，有错误，以后我自己先发现了，会随时做出更改；要是由别人先发现了，那就由发现者来批判、订正。因为自己已经尽现有的能力做出了比较深入的探索，万一不幸全错了，那后来的研究者也会明白此路不通。这都是很自然的。我从事历史研究的目的，是揭示历史的真相，而我个人，只是学术长河中的过客，为逼近历史的真相做出一点点诚恳的努力而已。只要真相最终能得到揭示，不管成于谁手，我都感到欣慰。

接下来，我还会继续做一些中国印刷史的研究。在这本书之外，已经成文的较为重要的文章，有《重论旋风装》《北宋刻本〈钱唐西湖昭庆寺结净社集〉的发现及其在版刻史研究中的价值》《我对浙江温州白象塔发现所谓"回旋式"〈佛说观无量寿佛经〉印刷方式的看法》等。另外，还有些印刷史上的重大问题，已经考虑很长时间，而且也在北大的课堂上和校内外的一些讲座上简单谈论过多次，只是还需要较长一段时间，才能撰写成文。譬如，关于明代嘉靖万历年间雕版印刷的革命性发展这一问题，就在国家图书馆做过以"嘉靖万历间雕版印刷术的革命性发展与历史影响"为题的专题报告。待这些专题研究达到一定篇幅之后，或许有机会再出版一部《中国印刷史研究》的续集。

与此同时，由于专题研究耗时较久，故计划在近两三年内另行撰写一部文字较为简明的中国印刷史。出版的计划，已经和某出版社初步商定，但书名具体叫什么，写的时候再定。通论性的书籍需要通盘铺叙，而我不是事事处处都有新的研究，都有新的看法，所以免不了要沿用一些成说。但我想在这部计划撰写的书稿中尽量多体现一些自己的看法，其中包括已经发表、出版的内容，还有一些尚未发表的内容。希望这部书稿的总体面貌，与现在常见的通述性中国印刷史著述会有较大不同。

2016 年 12 月 6 日记

像小孩子一样真心思考——我的中国印刷史研究

各位女士、各位先生，各位朋友：

大家好。新春佳节刚刚过去，很多人还沉浸在节日的喜庆气氛当中。衷心感谢各位朋友来到这里，听我来讲一些话，关于我刚刚在生活·读书·新知三联书店出版的《中国印刷史研究》这本书，关于我的中国印刷史研究。

我想在座朋友，有一些人，会对我的学术经历和学术研究有一些了解，知道我从读研究生时起，首先进入的学术领域，是一门叫作"历史地理学"的学科。这门学科的研究对象，是中国在历史时期的各项地理要素及其组合与变迁。

仅仅知道这一情况的朋友，或许对我研究中国印刷史、并且出版了这部《中国印刷史研究》，感到有些诧异。另外，还有一些读过很多关于中国印刷史的通行书籍的朋友，则可能对突然间冒出辛某人这么一号程咬金式的人物，更是感到惊奇。

为此，我想在这里简单谈谈自己从事这方面研究的缘起，以及已有的研究经历。其实，这也就是这本《中国印刷史研究》的由来。

关于这一点，说起来很简单。这就是从 2004 年开始，我从中国社会科学院历史研究所调到北京大学历史系教书，讲授的研究生课程，有一门是"古籍版本学"，而所谓"古籍"，是指中国古籍。古籍版本学当然不能等同于中国印刷史，但讲课过程中，有很多内容却与中国古代印刷史纠结在一起，彼此很难清楚割裂开来。讲课，自己先要大体明白，可在备课过程中，常常发现有一些中国印刷史上十分重要的基本问题，既有的通行说法，我自己就不能接受。连自己都不接受，那又怎么去给学生讲？于是，我就在教书讲课的同时，选择一些比较重要的问题，尝试着做出自己的探索。这本《中国印刷史研究》，就是这番尝试的初步成果。

听我讲到这里，在座的朋友，或许有人要问：《中国印刷史研究》这本书所涉及的问题，既有的结论，都已通行多年，大家都这样谈，说得也都很自然，俨若天经地义，为什么偏偏你辛某人就不能接受而非要另立新义不可？

我对这个问题的解答，就是今天想和各位朋友交流的主题，此无他，即"像小孩子一样真心思考"。

一

研究历史问题，有很多不同的方法，往往因人而异。这是人文学科研究中很普遍的状况。时下中国学术界的具体状况是：那些自视高大上的学者，大多都怀揣着一套套外洋舶来的理论、方法、范式，以此来审视、探究历史问题；至少也要先悬想一个你所"意识"到的"问题"，再根据这个"问题"的"意识",找一找有什么符合这一套路的东西,值得动手去做研究。

这或许确是中外学术界绝大多数学者本应去走的康庄正途。不过我很愚笨,由于本来就是从理科硬混进来的非正途出身从业者,因而一直在补课,补充一些最基本的基础知识,程度是很低的,实际上一直都处在一个起步,或者更准确地说是在"效步"的阶段。立足点如此之低,自然难以进入一个比较高级的状态,于是,就常常像小孩子一样,想一些看上去似乎很弱智的问题。

这些问题层次固然不高,但很真,都是我看不明白弄不懂的事儿。生活的经历告诉我们,小孩子最喜欢刨根问底地向大人询问"为什么"。这首先是由于孩子小,懂的太少。不懂事儿的小孩,常常会把懂事儿的大人弄得哭笑不得,无可奈何。因为大人怎么也跟他说不明白。

然而,在另一方面,我们也确实可以看到,还有很多被大家视作天经地义而不愿再加以思考的事情,实际上人们并不清楚。仔细思索,才会发现,这样的事情,根本经不起小孩子的简单质问:"为什么?"

一番思索之后,知道这些问题并不像你以前感觉得那么清楚之后,再退后一步,稍微展放一下视野,你马上又会发现,这些被众人习以为常而不加怀疑的事情,往往都是某一研究领域中最为基本的问题。那么,一个意想不到的景象,自然随之呈现——你会看到,很多学者夸夸其谈的高大上研究,那些曾经令你眼花缭乱、目眩神迷的高谈阔论,原来是建立在流沙滑土之上,正所谓"皮之不存,毛将焉附"?或者让你产生一种"海客谈瀛洲,烟涛微茫信难求"的感觉。

这样一来，小孩子式的思考和疑问，就显现了价值，而且往往还会具有很大很大的价值。这是因为，小孩子的头脑，没有受到后天灌输的干扰，没有什么先验的"公理"无可置疑，或许更加本能，从而更能体现认识的本质，更能体现人类认识事物由浅入深、由表及里的递进次序（其实那些不会说话的畜生恐怕也是这样）。一句话，只有这样做，才更加合理。

我在给学生讲授"古籍版本学"课程时遇到的中国古代印刷史问题，大体上都是这样一些看起来似乎很浅层、很表象的内容，但也可以说是这一门学问当中最最基本的内容。在这种情况下，假如说我的研究也有什么共同的方法论可言的话，"像小孩子一样真心思考"，就几乎成为考求这些问题最为内在的共同方法；或者说是一种算不上方法的方法。

之所以要在这里特别强调这一点，是因为前此我已撰写过一篇题作《写在〈中国印刷史研究〉出版的时候》的文稿，很详细地讲述过我在撰著这本《中国印刷史研究》的过程中所秉持的一些基本观念和贯穿全书的一些共同研究方法。与《写在〈中国印刷史研究〉出版的时候》一文所谈过的方法论问题相比，我在这里所谈的内容，虽然更为简单，但若是借用一句俗语来讲的话，便犹如"大法无形"，实际显得要更为抽象一些，自然也就更具有内在的属性。

下面，我就举述《中国印刷史研究》这本书中论述过的三项具体内容，来向大家说明这一点。

二

首先，讲述一个与我主张的这种小孩子思索方式截然相反的例证，这就是英国学者巴雷特（T. H. Barret）先生晚近以来对中国印刷术起源的研究。

举述这位巴雷特先生的研究，是因为他的研究受到国际上诸多学者的称赞，很有代表性。当然，中国虽然国情特殊，往往总是不同于寰宇列国，但在对待巴雷特先生的态度这一问题上，却很"国际化"，赞誉之声也不落人后。也可以说，在很长一段时间以来世界各地兴起的中国印刷史热潮中，这一研究代表了一种颇有普遍性的"范式"。这种所谓"范式"，总的来说，是相当多一批研究者，在严重缺乏中国印刷史基本知识的情况下，仅凭一种很不确定的感觉，或是模模糊糊的印象，当然更加理直气壮的是还都怀揣着他们自以为是、并且还很时尚的某些"问题意识"，就唐突冲入这一领域，用超逸玄虚的概念，来阐释这一形而下下的问题。

巴雷特先生的中国印刷史研究，主要集中在对印刷术起源的探讨上。为此，既出版过专著，还发表过一些论文。

一般来说，探讨印刷术起源，首先必须解决的应该是印刷术的发明这一核心问题，亦即在何时何地由何人做出了这一历史性的贡献。其中具体是由"何人"实现或完成的这一发明，往往不易考求，但大的时代和地域，通常还是能够认知的，也是在探求印刷术起源问题时首先要着力解决的问题。

不同寻常的是，这位巴雷特先生竟然避而不谈印刷术的"发明"，

明万历刻本《三才图绘》中的武则天像

而是采用一种极为诡谲的辞语——亦即"发现"来取代"发明"。按照巴雷特先生的看法，是大周则天女皇帝武曌"发现"了雕版印刷这门技术。

尽管有不止一位西方学者，对此表示认同乃至赞赏，但我还是先以小孩子的幼稚眼光来审视巴雷特先生这一表述。

在小孩子眼光的审视下，疑问自然随之而生：那么，很幸运地被武则天偶然"发现"的雕版印刷技术，到底是从哪里来的呢？是藏在羊毛袜子里的圣诞礼盒么？还是像新大陆一样自开天辟地以来即有的存在？如果是羊毛袜子里的圣诞礼盒，就需要清楚指明是在何时何地由何人放进去的；如果是像新大陆一样的固有存在，则需要具体揭示是在何时何地由哪位外来的人物航海登陆，踏足其地，最先找到了这片沃土——人们所应从事的研究工作，实质上与对"发明"的探索一模一样，终究不能回避对"何时何地何人"这些最基本要素的探索和解答。

当然，巴雷特先生在完全回避这些基本问题的同时，也颇费心机地另外找寻到一个脱身之术，这就是将武则天定位成一个"把印刷术推向更广泛使用的主要负责人"。这实际上是说，武则天对印刷术发展的贡献，其实也不是她独具慧眼"发现"了凡夫俗子无法看到的既有存在，而是把既有的印刷术"推向更广泛使用"而已。手腕轻轻一抖，又像变戏法一样，把"发现"替换成了"推广"。

最让大人狼狈的是小孩子往往不依不饶，不是一个"为什么"，而是"十万个为什么"。不管你手法抖得如何机灵，必然还要随之追问："那么，武则天到底做了哪些推广工作呢？"还有："她的推广工作又产生了哪些前所未有的重大成效呢？"瞒天过海，并不容易。巴雷特先生的困境，就是他没有能够出示任何一条哪怕可以起到间接旁证作用的事实依据，只是讲了一些莫名其妙的猜想而已，而且其间充斥着十分低级的史料、史事错误；甚至可以说，巴雷特先生竟然用奇异的想象，替代了实事求是的研究。

这样的研究，在那些为其叫好的人看起来，俨乎其俨，但在小孩子的目光审视下，看到的只有满纸荒唐言，再加上作者的一把鼻涕，一把眼泪，把相关史事，弄得一片狼藉。如此奇异而且不切实际的论述，小孩子都看不下去，我当然要予以严厉驳斥。

三

谈到印刷术的起源，对此稍有了解的人，都会想到 1966 年在韩国庆州佛国寺释迦塔内发现的《无垢净光大陀罗尼经》。一般认为，这是一件雕版印制的汉文经卷，属于佛教的密宗。

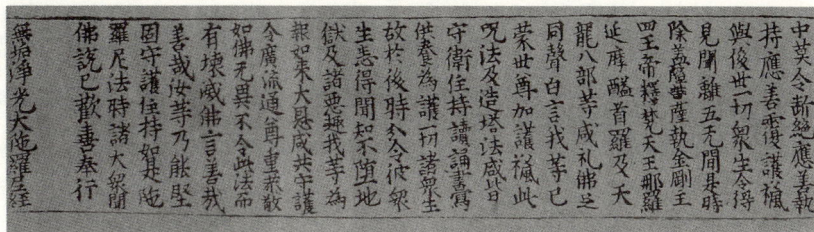

韩国庆州佛国寺释迦塔藏《无垢净光大陀罗尼经》（局部）

庆州佛国寺释迦塔内藏弄的这件《无垢净光大陀罗尼经》面世之后，成为海内外学术界在探讨印刷术起源问题时普遍关注的焦点。中国、韩国、美国、日本诸国学者，围绕着这篇《无垢净光大陀罗尼经》的雕印地点是在中国、还是韩国，时间是在武则天时期、还是在此之后，发表过很多论文，可谓连篇累牍。

在这里，我想仅以其刊刻地点为例，谈谈怎样以一个小孩子的思考，来审度这一问题。中、韩两国学者在探讨这一问题时，各自都有一大批人，出于狭隘而又强烈的民族情绪，力主这件《无垢净光大陀罗尼经》一定是雕印于本国，是本民族的伟大创造。这些学者们，以所居住的国家为阵线，各执一词，对垒互击，长时间难解难分，在很大程度上都丧失了学者本应持有的客观态度。

可是静心观察，却可以发现，对峙的双方都没有思考一个很简单的问题，即只要略一翻检，即可知悉，这种《无垢净光大陀罗尼经》，对信奉者的供奉方式，是有明确而又特殊要求的。这件《无垢净光大陀罗尼经》被发现时，是存放在释迦塔第二层上一个小型龛室之内，外面分别盛以两重或金或银的"舍利函"，极其敬重。庆州本是古新罗国的都城，如此敬重的供奉形式，表明佛国寺应是一座与新罗国王室具有密切关系的寺院，供奉此经于释迦塔内，应属新罗王室所为。这样一来，在郑重安放这卷《无垢净光大陀罗尼经》时，更应尽可能符合经文的要求。

按照经文的要求，要想更好地实现《无垢净光大陀罗尼经》除障灭罪、延年增寿的功效，最好是同时制作七十七本或九十九本，"置于塔中而兴供养。如法作已，命欲尽者而更延寿，一切宿障、诸恶趣业悉皆灭尽，永离地域饿鬼畜生。所生之处，常忆宿命，一切所愿皆得满足，……一切众病及诸烦恼咸得消除"。

辽兴宗重熙十八年庆州释迦佛舍利塔建塔碑碑文拓本

二十世纪八十年代末至九十年代初期，在辽庆州故城的一座释迦佛舍利塔内发现的雕版印本"根本陀罗尼咒"，本属《无垢净光大陀罗尼经》中的咒语，就是遵照经文规定的程序安放。在这座释迦佛舍利塔内发现的辽兴宗重熙十八年撰写上石的一通建塔石碑，记载"当年七月十五日，于相肚中安置金法舍利，并四面安九十九本枨竿陀罗尼，及诸供具，莫不依法臻至严洁安置供养"。这正与《无垢净光大陀罗尼经》的要求相吻合，而且释迦塔内还发现有一块錾刻有"善男子应当如法书写此咒九十九本，于相轮樉四周安置"云云经文的银板，更为清楚地体现出依照经文要求而同时成批供奉大量经咒的重要意义。

面对这种情况，若是以一个小孩子的简单思维方式，来审看韩国庆州佛国寺释迦塔内发现的这卷《无垢净光大陀罗尼经》，自然会发出这样的疑问："这卷《无垢净光大陀罗尼经》若是印制于新罗境内，怎么会仅此一卷？"也就是说，若是出现这种情况，是严重违背常情常理的。新罗在自己国内要是能够雕版印刷这一经卷，一定会严格按照经文的要求，在释迦塔内如数供奉，而不会仅此孤零零一卷。

由此推论，这卷《无垢净光大陀罗尼经》，便只能是由唐朝请到新罗。由于远道携带到新罗国内的仅此一卷，尽管数量未能满足经文的要求，但得之不易，而且这种印刷文本在当时还是一种全新的制作形式，出自新罗王朝倾心仰慕的大唐，所以还是盛以金函银函，郑重供奉在佛国寺的释迦塔内。

情况就这么简单。用不着舍近求远，讲那些不着调的大道理。

四

下面，再举述我是怎样来否定明代所谓"铜活字"印刷的问题，进一步说明我这种简单的研究方法。

中外学术界通行多年的所谓明"铜活字"印本，其实从未有人提出过切实可信的依据，只不过一犬吠影，百犬吠声，人们早已习以为常；

或者更准确地说，实属积非成是。

我否定明代所谓"铜活字"印刷的文稿，写成后投给《燕京学报》的时候，主编徐苹芳先生，很快打电话通知我，说是文章"不成"，并告：我不能随意推倒学术界的定论，他请教过很权威的大专家，专家宣称这个案是翻不得的。听到这话，我很诚恳地向徐先生解释："为这篇文章，我花费了较大功夫，自信基本观点经得起检验，希望能在《燕京学报》上发表。请求他最好能再考虑一下，给我这个机会。"两个星期之后，徐先生又一次打电话给我，说是十分仔细地审读之后，完全赞同我的观点。这样，很快就在《燕京学报》上帮助刊发了这篇文稿。

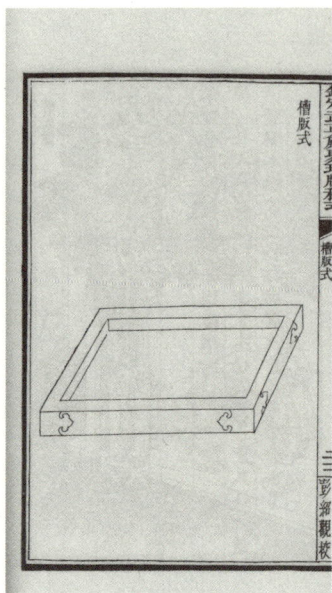

《钦定武英殿聚珍版程式》中的槽版式

其实我对这一问题的论述，讲的也是一个十分简单的道理。

前人认定明代所谓"铜活字"印本，能够清楚说明的依据，只是在一些金属活字印本上摆印有"活字铜板"（或书作"活字铜版"）或"铜板活字"的标记。

可是，一个简单的事实是：活字印刷与雕版印刷，在技术上有一个重大的差别，这

《钦定武英殿聚珍版程式》中的摆书图　　《钦定武英殿聚珍版程式》中的槽版图

就是雕版印刷的每一块书版，都是一个整体，而活字印刷的书版，则是由直接接触纸张的活字"字钉"（古人称作"印"或"字印"）与承放这些字钉的"版片"（古人或称"字盔"、"字盘"）两大部分组合而成，而这两部分的材质，既可以基本一样，如元代王祯行用的木活字印刷，以及清代的武英殿聚珍版，字钉和版片都是木质（武英殿聚珍版摆印活字时所用陈年楠木制作的版片，称作"槽版"）；也可能大不相同，如毕昇发明的泥活字印刷，字钉是泥质，而版片却是铁质。

因此，只要开动脑筋，认真思索，就连小孩子也不难想到：不管是"活字铜板"，还是"铜板活字"，都不一定是指二者组合之后形成的书版，亦即所谓"铜活字版",而完全有可能只是指承放字钉的版片。也就是说,小孩子难免要问:"铜版(铜板),不就是安放字钉的那一块铜质硬版(板)吗?"

在明代以前,我们可以看到南宋时人周必大曾以"胶泥铜板"印制过他自己撰写的《玉堂杂记》,这是将泥活字安放在铜质版片上印书。明末人方以智,讲到当时通行的活字印刷方法,其字是"用木刻之,用铜版合之";清康熙时有王士禛等人,仍然说当时应用的活字印刷,是"用木刻字,铜板合之"。方以智和王士禛等人讲到的情况,显然是将木活字安放在铜质版片上印书。

由这些泥活字"铜板"或是木活字"铜板"印刷的实例,透过小孩子的目光,就可以轻而易举地做出一个简单的推论:即像以往通行的那样,把明代金属活字印本上的"活字铜板"或"铜板活字"注记视作所谓"铜活字"本的标记,完全不合乎情理。这些书籍上的"活字铜板""铜板活字"注记,只能表明这些活字印本在印制时采用了铜质版片来承放字钉,而根本没有涉及字钉的材质,据此推定的所谓明"铜活字"印本,当然完全不能成立。根据切实可靠的明人记载,这些所谓"铜活字"印本,其实是用"铜版锡字"的形式印制。也就是说,其活字字钉本来是用锡刻成。

上面举述的这些事例,是我在这本《中国印刷史研究》中通过像小孩子一样的认真思考所解决的几个重要问题。其实全书论及的所有问题,基本上都是依循这样的途径,像小孩子一样思索,才发现问题,解析问题,得出新的认识。

在我看来，像这样做小孩子式的思考，更深一层的意义，在于什么是学术研究的本质？我认为，学术研究的本质，是探求真相，这就是所谓"求真"。谈这一点，是相对于"致用"。真的一定有用，"求真"是"致用"的基础，是真正"学以致用"的出发点，真的就一定有用，一定会"致用"。

当年我完成博士学业的时候，谭其骧先生审查我的博士论文《隋唐两京丛考》。谭先生写的评语，强调的就是这一点，肯定我的论文因着力"求真"而能有用。这给了我很大鼓励，鼓励我从事学术探索，一直以"求真"为宗旨。

那么，"求真"的驱动力源自何处呢？驱使人们探求真相最强大的动力，来自好奇心，而小孩子好奇心最强。这种好奇心与生俱来，而岁月沧桑使绝大多数人的好奇心日渐泯灭。对于学者来说，所谓"致用"的功利心，是好奇心最大的杀手，结果一味求"致用"而得到的多是无用的成果。环顾吾国学术研究的现实，我想，大多数人能够明白，一个学者，要能始终保持一颗童心，也不是一件很容易的事情。

提到我在研究中得出的新的认识，在这里，还要稍加说明的是，我在书中各个部分，都对既往的研究，用这种小孩子的方式，尽最大可能，做了深入的考辨分析。思考的方式，虽然极为简单，极为平常，但这并不等于是在随便钞撮，更不像一些人很不负责任地指斥的那样，不过是很低下的"综述"而已。在这一过程中，我对每一个问题都做了很认真的思考，绝不是简单的归纳叙述，是在披荆斩棘，是在奋力芟除障目的杂草乱木，以去伪存真，揭示历史的本来面目。这是所有负责任的历史研究都应遵循的路径，希望读者能够理解。

2017 年 3 月 12 日下午讲演于生活·读书·新知三联书店

《剑峰遗草》与藤田丰八先生对中国印刷史研究的卓越贡献

　　《剑峰遗草》是日本著名学者藤田丰八先生部分遗作的汇编，昭和五年（1930）九月在日都东京印刷发行。"剑峰"是藤田先生的雅号。这部书是在作者逝世将满一周年之际，由池内宏教授应承先生遗属的意愿而编纂印制的。书中没有题署出版单位，也没有标示书价，看来只是自行印制，分送友人，应属于所谓"非卖品"的性质，因而印制数量当

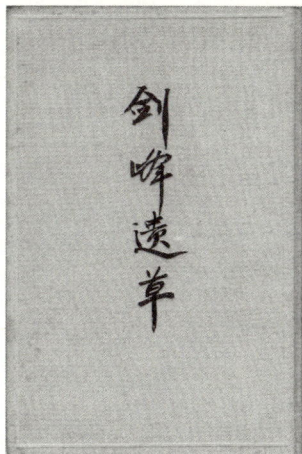

《剑峰遗草》封面　　　　《剑峰遗草》例言 1

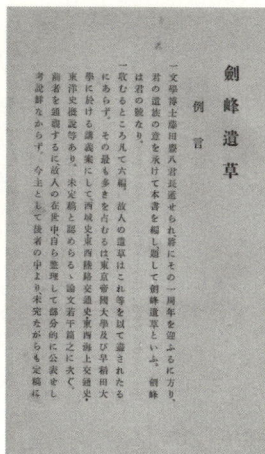

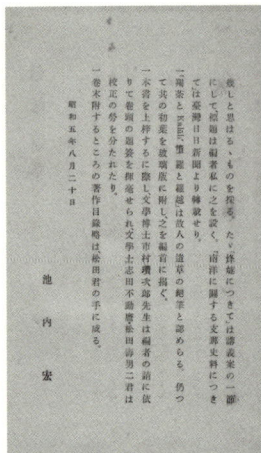

《剑峰遗草》例言 2　　　　　《剑峰遗草》目次

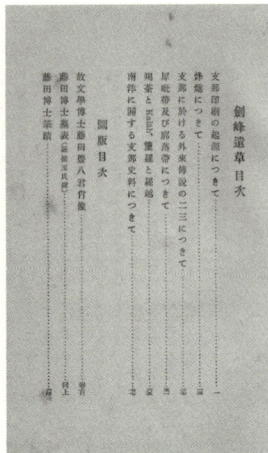

十分有限。时代虽近，现在也不是很容易遇到。

日本人出版书籍，像做所有事情一样，真拿事儿当事儿做，刷印装帧，每一个细节都很用心。这部书具有纪念性质，印制也就愈加考究。米色的细密布面，配上市村瓒次郎书写的墨色题签，看上去庄重雅洁，捧在手里，则感觉温温宜人。内文的纸张，浅淡泛黄，这既有岁月流逝留下的些微痕迹，更多地还是印书用纸本来就偏这个色调，和疏朗竖排的文字相搭配，给人以一种古香古色的感觉。做研究用到它时，左边一部线装古刻本，右边展开它来，没有一点儿违和感。再加上纸面极其细微的凸凹，手感温润绵密，愈加使读者与之贴近，两相融合。即使是本闲散的读物，也够惹人喜爱的了，况且这是那个时代代表性学者的重要著作而又世不多见，能够备置案头，自然是一件值得庆幸的事情。

藤田丰八先生学养丰富，和那个时代日本东洋史学界的诸多大师级

藤田丰八先生像

学者一样，有很丰厚的中国历史文化底蕴，不是现在那种只明白某一个断代某一很小方面史事的"专家"，但在学术研究方面最主要的贡献，是在中西交通史领域。这本遗作集收录的文章，也都是论述这方面的内容。

我买下这部文集，首先是出于研治中国印刷史的需要，因为书中第一篇文章《支那印刷の起源につきて》，讲的就是中国古代印刷术的起源问题，而藤田丰八先生关注这一问题，仍然与历史时期的中西交通有关，他认为中国印刷术的技术源头在域外的印度。

研治中国古代文史，既很艰难，又很遗憾。因为好的学者就是要努力解决疑难问题，而探索古代文史研究中的疑难问题，往往是一个渐进的过程，不易一步到位，走过的路上，一代代学者都难免会有所偏差。

剑峰先生在很大程度上可以说是一位中西交通史研究的开拓者，创获甚巨，同时也有过很严重的失误。譬如论佛教传入中国的时间，他就曾误把《史记·秦始皇本纪》所记始皇三十三年"禁不得祠明星出西方"一事中的寻常语词"不得"二字指认为"佛陀"（Buddha）的对音，从而得出了嬴秦时期释教即已东入华夏的结论（说见藤田氏撰《支那に於ける刻石の由來——附「不得祠」とは何ぞや》一文）。

今天看起来，其说自然颇显荒谬，但当时却曾引起陈寅恪先生的认真关注。寅恪先生在所读《史记·秦始皇本纪》中标记道："藤田以'不得'为佛陀之古谓。"（《陈寅恪读书札记二集》）这说明放开眼界重新解读古代典籍，特别是瞪大眼睛聚焦外来文化的影响，是当时盛行的风气。在这一风潮的影响下，既有很多超越以往的创获，同时也闹出了像这种把秦汉人的大白话错认成佛国梵语的笑话（见拙文《秦始皇禁祠明星事解》）。陈寅恪先生对中土制度、文化"胡化"事件的认知，也颇有一些类似的谬误。

在学术研究中，从来没有过神，将来也不会有神，包括众师之上的"大师"也都会犯错误，甚至会犯很荒唐的错误。错误的观点，自然会被后人抛舍，这是学术发展中再正常不过的自然进程（不过当各种看起来很美的新时尚席卷而来的时候，别那么急赤白脸地强挤进去"预流"，在一定程度上似乎可以避免一些本来冷眼旁观就能看出来的很低级的疏失）。只有不多读书的呆瓜蠢蛋，才会抱着一个偶然在路边捡到的牌位膜拜终老。然而诡异的是，正确的结论，有时也会被人遗弃。藤田丰八先生对中国印刷术起源问题的研究，就落入了这种可悲的境地。

1925 年 5 月，藤田先生在日本史学会大会的"东洋史部会"上，以"支那印刷の起源につきて"为题做了一次重要的讲演，《剑峰遗草》

《支那印刷の起源につきて》

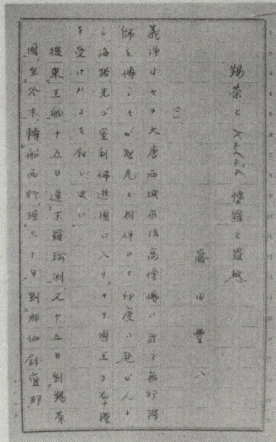

藤田先生绝笔论文手迹

中的这篇同名文章，就是这次讲演的讲稿。在这次讲演中，他提出一个著名论断：即中国印刷术产生的直接渊源是古印度用于捺印佛像的"佛印"；同时，在两年后又发表《佛徒の印像につきて》一文，还把这种所谓"佛印"的性质，与中国传统的印章明确区分开来，辨明中国式印章与印刷术的产生，并没有直接关系。

藤田先生这一研究，道破了印刷术得以产生的具体技术来源，可以说是一项历史性的创见，极富学术眼光，可是，后来在很长一段时间内，却几乎无人提及。在中国印刷史的研究中，中国很多从事斯役的人一向闭目塞耳，没人提，主要是由于不知，那"天朝"以外的学者呢？例如美国撰著《中国印刷术的发明和它的西传》的卡特，日本撰著《东洋印刷史序说》的秃氏祐祥，对藤田氏此说，同样一概置而不论。

不理不睬也就罢了，想不到五十多年以后，本国同袍神田喜一郎博士，在1976年又发表了一篇题作《中國における印刷術の起源について》的论文（刊《日本学士院纪

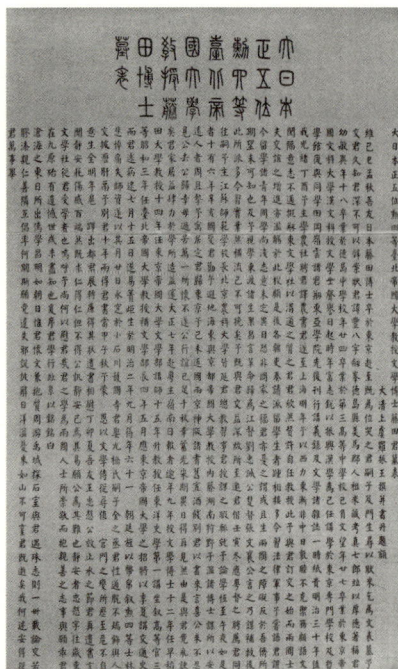

藤田丰八墓表（罗振玉撰并书）　　　　　　　　　　《剑峰遗草》版权页

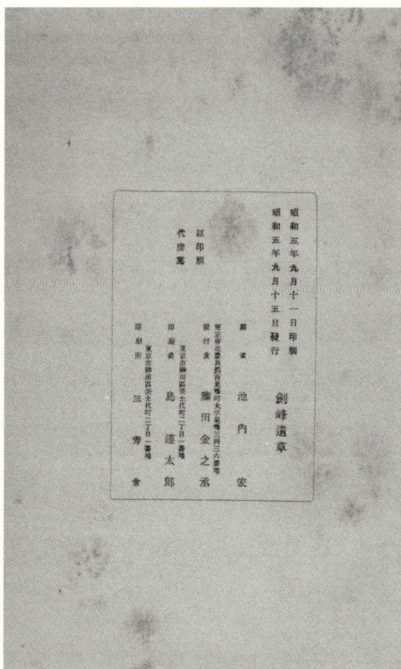

要》第三十四卷第二号），对藤田氏这一观点提出了很严厉的批评。不过核实而论，神田喜一郎先生的看法，并不正确，剑峰先生的旧说才是正确的结论。关于这一点，我在近日出版的《中国印刷史研究》中有详细的阐释，感兴趣的朋友可以参看。

　　周振鹤先生在评价清代乾嘉时期的钱大昕、赵翼和王鸣盛这三位著名学者时，曾以"有人开玩笑说"的形式讲过这样一段话（其实我当面听他本人多次发出过同一感慨）："做学问只好比别人快半拍。与别人同步，没人看得上你；比别人快几拍，没人看得懂你。"（《点石成金、披沙沥金与脸上贴金》，收入作者文集《随无涯之旅》）不幸的是，在印刷术起源研究这一问题上，藤田丰八先生就是那个比别人走得快了好几拍的人。

周振鹤先生讲述上面那段话之后，紧接着，又以戏谑的口吻说："反正你都没有名气。"研究学术问题，是为探明事实真相，自然不是和谁负气争名气，而从本质上说，科学的学术研究，终究是公平的，只是学术上的是非，有时需要经历很长时间才会等到公允的评判。从藤田丰八先生在《支那印刷の起源につきて》这篇讲演中提出他的见解到现在，已经过去九十多年了，但既然是科学的研究，终究是可以通过认真的检验而证明的。从事学术研究，不仅如王国维先生所云，学无新旧中西之别，可以妄加轩轾（《观堂别集》卷四《国学丛刊序》），而且在一定时期内，学术观点也不一定以新为是，毋须惟新是从。实际上有很多很多问题，在经历很长一段时间探索之后，会重新认定早前被遗弃、被否定的旧说，有时甚至会返回最初出发的原点，藤田丰八先生对印刷术起源的研究不过是其中的一个事例而已。

印刷术的发明，是人类文化史上具有划时代意义的重大事件。藤田丰八先生在二十世纪二十年代做出的这一研究，尽管尚且未达一间，在此基础上还可以再稍加推进，进一步明确催生印刷术的宗教文化因子，从而清晰推定印刷术的产生时间，但他能够独具慧眼，最早、最明确地指出了通往事实真相的正确路径，贡献极其卓越，而《支那印刷の起源につきて》，这篇最早载录其学术见解的文稿，在学术史上的标志性意义，自不言而喻。了解到这一点，大家也就能够明白，这部《剑峰遗草》

实在值得珍之宝之，郑重藏弄于书室一隅（这只是就爱书的读书人而言，对那些一门心思划拉电子本检索数据的"神圣学术机器人"，当然是说不着的）。

2016 年 12 月 4 日记

《海昏侯刘贺》书里书外的事儿

各位朋友，大家好。

昨天已经过了小年儿，家家户户都正忙乎着，准备接着过大年。今天凌晨，特朗普也手按《圣经》宣示，成为美利坚合众国虽然十分不合理但却完全合法的总统。小丑登场，出演连台大戏，这是难得一遇的新鲜事儿。脑子好，懂英语，同时也身手高强能翻墙揭瓦的年轻朋友，还要忙着看热闹。在这么繁忙的时候，各位朋友还专门赶过来，听我讲关

笔者在海昏侯墓出土文物展现场

于《海昏侯刘贺》这部书的事儿，实在令我感动。

不过我知道，自己的文笔很差，对读者没有什么吸引力。我明白，吸引大家目光的，主要是海昏侯刘贺墓葬发现的大量文物。是这一重大考古发现，激发了人们对刘贺其人其事的浓厚兴趣。

所以，在这里，我们首先要衷心感谢江西的考古工作者，他们通过艰辛的努力，为我们呈现出如许丰富的西汉时期的遗迹和遗物，特别是完整无阙的列侯墓室和墓园，实属难得一遇；衷心感谢考古工作者及时向社会发布工作的进展，并发表演说，举办展览，让社会公众第一时间了解到很多具体的细节。可以说，考古工作者适时而又成功地做了一次历史知识的宣扬工作，把一座两千多年前的列侯墓葬，一下子推到大家的面前，让大家真切地感受到过去的历史仍然是看得见的，而且实际上也是能够摸得着的。

真真切切的历史遗迹和遗物，反过来又让大家想知道更多真真切切的历史，想更多地了解刘贺到底是怎样一个人、都经历了哪些事儿。教科书中那些让我们从小死记硬背的抽象观念和干瘪梗概，再也无法满足社会公众的热切需求。其实，不仅社会公众有这样的需求，学术界同样也很迫切地需要更加全面、更加准确、更加清晰地认识刘贺一生的遭遇，甚至比社会大众更为迫切，这样才能更好地整理、研究海昏侯墓中出土的文物，让这些文物对历史研究发挥更好、更大的作用。

《海昏侯刘贺》这本小书，就是适应这种需要而撰写的。有人批评我写这本书是"应时而作"。诚然，我和大家一样，被这一重大考古发现所吸引，从而才会动笔撰写这部书稿，"应时而作"固然是我著述的缘由。但"应时"有什么不好吗?是从事学术研究一定非"背时"不可、还是"应时"就一定缺乏学术价值或学术质量就一定低劣不堪?

坐在这里的各位朋友,当然不会认为我应求社会需要而撰著此书是干了一件见不得人的坏事糗事,所以,才会在大年之前的大忙时刻,来听我讲讲这本《海昏侯刘贺》书里书外的一些事儿。

一

《海昏侯刘贺》付印,一下子就印了1万册。虽然版权页上印制的出书时间是2016年10月,可我看到样书的时间,是在11月10日。当时我正因病住院治疗,心想生活·读书·新知三联书店印这么多书,怎么能卖得出去呢?责任编辑张龙先生一收到书就寄给了我,也就是说,去年11月上旬,才正式发行上市。到现在不过两个多月,却快要脱销了。这不能不让我感到有些惊奇。

惊奇的原因,是就我本人的出发点而言,本来写的是一本专业性很强的学术专著,而不是大众读物。这是此书动笔撰写之前,我与生活·读书·新知三联书店商定的。所以生活·读书·新知三联书店方面在《海昏侯刘贺》的封底上介绍说:"本书是第一部有关海昏侯及其时代的学术研究专著。"是不是第一部,我自己不敢说,但它作为"学术研究专著"的性质,是确定无误的。

我想,历史学的工作,按照其性质的差异,大致可以划分为书写历史和研究历史两大类别,其最为典型者,前者如以《二十四史》为代表的传统史学著述的骨干,后者如清代乾嘉学者对具体史事的考证。这是两种性质完全不同的工作。可是，在另一方面，又很难将二者截然区分开来；至少有一部分历史学著述，是将书写与研究紧密交织为一体的，司马光的《资治通鉴》，就很有代表性。

若就当代史学而言，在历史人物的传记性著述当中，这样的特征往往会表现得更为明显。像朱东润先生撰写的《梅尧臣传》《陆游传》《张居正大传》《陈子龙及其时代》等一系列历史人物的传记，我老师黄永年先生撰写的《唐太宗李世民》，邓广铭先生撰写的《王安石》，就都是优秀的历史人物传记，处处体现出新的见解，学术性很强；同时又都有系统完整的人物生平，颇具可读性。

虽然说学术性强的人物传记类著述不一定都带有注释，标注史料依据，但反过来却大致可以说附有史料出处的传记通常都是学术性的著述。依据这个简单的外在特征来判断，这部《海昏侯刘贺》当然是很典型的学术研究著作，而不是通俗读物。

若说这是一部学术性著作，一些朋友也可能会有疑问："这也能算是学术书么？"人们有这样的疑虑很自然，因为时下很多专业的学术著述，特别强调要有高大上的"问题意识"作主轴，论述的往往都是想象力不凡的很抽象的问题，高高超逸于寻常的历史活动之上；即使比较平实的论著，也多是探讨一些制度性、规律性问题，自视具有足够品位的学者，是不大有人会把像刘贺这种人的具体遭遇作为论述题目的。

作为非历史专业出身的"素人"（我上大学念的是地理系），我本来一直是在连滚带爬地学习各种基础知识，以多获取一些最基本的研究能力。简单地说，一直是蹒跚行走在学步的路上，现在依然如此。因而，一向不敢妄谈该怎样做学问的话；当然更不敢，也没有任何资格指点别人如何做学问。基于这样的认识，这么多年来，我也一直尽量不招、少招研究生，免得误人子弟过甚。

不过，今天，来到这里，面对大家的关注，就不得不说说内心的想法。我姑妄言之，各位姑妄听之也就算了，不必太当回事儿。

关于这一问题，我想引述一段宫崎市定先生的看法，来为自己撑腰壮胆。宫崎先生是日本著名东洋史学者，学问博大精深，圈子里的人都很敬重。他说了，别人即便觉得不大顺耳，也不好径加贬斥。

二十世纪六十年代，宫崎市定先生"监修"（也就是主编）了一套《中国人物丛书》。在这套丛书当中，宫崎先生本人，执笔撰写了一部《隋之炀帝》（《隋の炀帝》）。当时，日本的历史学界，自从战争结束以来，一直是以社会经济史或其他类似的范式为主流取向，而对具体的历史人物，却避而远之。

在《隋之炀帝》的后记里，宫崎市定先生阐述了他对这一研究状况的看法：

> 一段时期以来，在历史学领域，出现一股风潮，回避对权力人物的研究，蔑视人的关系。这恐怕是基于某种错误的认识。揭示人的关系，这应当是历史学无法逃离的终极目的。人类生活的实质性内容，不外乎人的关系。所谓"人的关系"，当然要包括每一位个人与其他个人之间的相互关系。历史学面临的一个重大问题，就是要清楚了解，对待和处理这种人的关系，经历过怎样的变迁。在这里，

选取帝王为主角，作为对待和处理这种关系的一种方式，自是理所当然，没有任何需要回避的理由。

宫崎先生在这部书中，以炀帝为核心，表述了很多对隋朝历史的重要认识，应该说是以畅达易晓的文笔，阐扬了高深的学术看法，对专业史学工作者与普通社会大众，两相兼宜，亦即足以供雅俗共赏。

若干年前，北京大学历史系请来一位很有名头的西洋学者，中文的名字叫魏根深（Endymion Wilkinson）。这位魏根深教授，当时任教于哈佛大学，以前曾经做过欧盟驻华大使，从英吉利，到美利坚，去过世界上很多很多地方，见多识广。他在北大做报告，系领导临时抓我的差，顶替因故不能出席的某教授去给他做评议。魏根深教授报告的主旨，是说像《史记》《汉书》这样的历代正史，可读性很差，因而社会上没什么人阅读。被魏根深教授列在对立面的，是说只有像司马温公《资治通鉴》这样的编年史，才受读者欢迎。

我这个人书呆子气十足，不大会说虚情假意的奉承话，但在社交场合也能对付应酬一下（现在包括学官儿在内的中国官员，办事儿都不差钱儿，而有钱能使鬼推磨，大学讲堂上的学术报告，很大很大一部分久已蜕变成搞关系、拉帮结派的"社交活动"）。可是主办者安排的评议时间，长达半个小时。长篇大论地说假话，实在没那个能力。于是，我就傻乎乎地讲了一些小孩子才说的真话——大意谓，虽然现在的中国人大多不好好看书，甚至根本不喜欢阅读，但中国很大，毕竟还是有那么一小撮读书人的。如惠子所云，余非鱼而不知鱼之乐，西洋人喜欢读什么样的历史书，我这种土鳖没有资格谈，但中国人，从古到今，都最喜欢看人物传记，哪怕是狗仔队炮制的八卦。

至于像《资治通鉴》那样的编年史，不仅普通人无法通读，就连专家者流，为做研究、发文章而非看不可，也是读之不易。一件事，一个人，从开头，到结束，一会儿一句，过好一阵子再来一句，中间不知有多少无关的间隔，而每一次间隔又不知要延宕多久时间，前一句，后一句，东鳞西爪，根本联不起来（顺便说一句，一般读者要想通过司马光的文笔来了解历史，最好先看后人根据《资治通鉴》重新编录的《通鉴纪事本末》。这部书是选择一些历史大事，按照这些事件的发生经过改编成一个个独立的纪事）。非要读，只能是强靠顽强的毅力硬着头皮坚持。谁要非说这书比《史记》《汉书》还好看，我真是钦之敬之。当然，同时也只能以非我族类的"异类"视之（譬如魏根深教授）。要是国人也这么看，也这么爱读《资治通鉴》，那就超出自己有限的想象力之外很远了。

司马迁的《史记》，有一项很大的贡献，过去专门研究《太史公书》的专家，似乎认识不够——这就是开创了以人物传记纪史这一体裁。前年在清华大学旁听一场关于该校所藏战国竹书的学术讨论会，临结束时主办者突然让我讲两句感想。我随口说，作为外行，看出土文献，我不仅对新出土的文献"有什么"感兴趣，还关注和思索，在这些新发现中"没有什么"。迄今为止，不管是出土的新发现，还是传世的老古书，甚至包括《汉书·艺文志》等古代书目著录的轶传古籍，在司马迁以前，还没有人物传记形式的历史著述。所以，我认为是司马迁的《史记》，开创了以历史人物为核心的历史记述。

过去朱东润先生研究中国"传叙文学"的源流,对《史记》列传的文学地位评价不高,他又发挥《四库提要》的成说,找来《晏子春秋》作"传叙文学"之祖(见朱氏《中国传叙文学之变迁》《八代传叙文学述论》)。其实不管是从文学角度来评论,还是就史学著述而言,依我看,《晏子春秋》都很难说是一种传记,其性质还是更接近子书。正因为如此,在《四库总目》之前,一向被列在子部,《汉书·艺文志》更本徒称《晏子》(其实即使加上"春秋"二字,也并不意味着它就一定是一部像《春秋》一样的史书,如《吕氏春秋》就是如此)。《四库总目》以之列入史部,不过是为传记类书籍强指一个上古的渊源而已,本不足为训。

司马迁开创传记这一纪史形式的内在实质,在于对人、也就是对具体个人命运的深切关怀。《太史公自序》述及写作七十列传的旨意,是要彰显那些"扶义俶傥,不令己失时,立功名于天下"的人士,而他受诸乃父的遗训,也是要论著那些"明主贤君忠臣死义之士",自已清楚表明了上述宗旨。继此之后,在以司马迁《史记》创立的纪传体"正史"为主的中国历史典籍中,人物传记,一直是一种居于骨干地位的表述形式。

太史公发愤撰著的《史记》,是在写历史,不像我们今天多数大学历史系教授,是以研究历史为主要工作。著述的性质虽然有差异,却同样可以用传记的形式,来体现研究的成果,而贯穿其中的共同旨趣,就是对历史洪流中具体个人的重视,对具体历史人物的关怀。提倡历史人物研究的宫崎市定先生,写过一本《史记を语る》,书中特别强调了《史记》的纪传体史书始祖地位，因而他倡导人物传记的书写，显然也是在承袭司马迁开创的这一传统。

事实上，日本后来出现一大批这样的人物传记，而且大多都是由名家执笔，在文字通畅的同时，学术分量大多又都很厚重。日本很多普通民众的历史知识，即主要通过这些传记获得。相比之下，中国虽然也有一批历史人物的传记，但像前面举述的朱东润、黄永年、邓广铭诸位先生书写的大家佳作，数量却颇显尠少。我这本小书，当然远不足以攀附上述这些前辈的名著，篇章顿舛，文字枯涩，而且作为人物传记来说，具体的写法，也很不合乎程序。在具体的写法上，主要还是出自学术研究的考虑，没有更多关照非专业的普通读者。只是我的基本的出发点，是想效法先贤，以近似传记的形式来体现自己的研究见解。

如果说，有很多非历史专业的读者还能够比较喜欢这本小书的话，我想，除了海昏侯墓的发现更引人关注以及这种近似于传记的形式更受一般读者欢迎之外，我对历史学研究的一项基本观念，可能也起到相当的作用——这就是我一向认为，学术是朴素的。因为我这样想，所以《海昏侯刘贺》的面目有点儿憨，同时也是很实在的。

我们研究历史问题，应当基于普普通通的人情事理，努力从看似纷纭混沌的现象中找到那些隐晦不显的简单史实，是变复杂为简单；不应反其道而行之，变简单为复杂，摆弄一大堆远洋舶来或是师心臆造的神秘概念，把人所共知的简单史实讲得云遮雾罩，谁也不明白是什么意思，甚至你要是有机会当场去问作者，他自己恐怕也说不明白那些玄虚奇幻的词句到底指的是什么。我认为，真正富有价值的历史研究不是这样，历史研究的成果，不应该让哪一个国家的人看起来都像是用外文写的。

记得很多年前，在书店里偶然翻看北大某系知名教授写的一本书，想不到几乎每一个句子都不知道写的是啥。和同行兄长唐晓峰先生谈起我的困惑，晓峰兄一听就笑了，告诉我："我明白你的困惑。你要是把它翻译成英文读就明白写的是啥意思了。因为我读他的书时，也有跟你一样的感觉，但我是把它直接转换成英文读的。"晓峰兄不仅是扔掉绿卡回国的正经海归，而且在美国大学的讲台上一口气就教了七八年书，讲英语，比从小儿说的北京话更有腔调儿。他有此等道行，可像我这样的土鳖（这是我们北方的叫法，中山大学的知名教授甘阳先生，按照老广的习惯，公开撰文指认我是"土鸡"），就只能徒唤奈何了。

二

读者买了我的书，读了我的书，不一定也就喜欢我这本小书。当然这首先是我没有写好，没有能够满足读者的期望，其中就有学识、甚至是基本常识欠缺所造成的缺陷，已经被人批斥。对这些不应有的疏失，在这里，谨向各位读者致以诚挚的歉意；同时诚恳地希望大家能够继续帮助指出各方面的错谬，日后或有机会做出订正。

在另一方面，可能还有一些问题，部分读者的理解，与我的意图有所出入。这主要包括两方面的问题：一是本书篇章结构的总体安排，一是我本人独有的见解。下面先来谈第一个问题。

前面我已经谈到，我这本小书的具体写法，并不十分符合人物传记的一般程序。这主要体现在如下两个方面：第一，是没有充分使用有关传主刘贺的直接记载，第二，是用大量篇幅，写了许多乍看起来好像同刘贺没有直接关系的人和事。

《汉书》中有关刘贺的直接记载，数量非常有限，即使一无所漏，将其全部纳入笔下，我感觉也很难写出一册书来。当然，你要是随便演义，自不会有什么困难，但我是在做学术研究，是要向读者展现一个真真实实的废皇帝。

由于直接的史料非常有限，在我动笔之前、海昏侯墓发掘之后，又已经出版过不止一部有关刘贺的专书。这些书至今我也没有读过，但我想前面的作者，一定都会尽量直接采录、演绎这些有关刘贺的直接记载，如果我也这样处理，免不了会严重重复，缺乏独特的意义。这是影响此书总体结构安排最表层的原因。

但这一点其实并不重要，我不是非写一本讲述刘贺的书不可。篇幅不够，没必要强写；别人都已经写出来了，更没必要强自再写，而且还要别出心裁，另辟蹊径。我在这本小书中没有集中篇幅利用所有有关刘贺的直接记载去正面描述传主本人，更为重要的原因是，假如只是简单地直接关照刘贺本人的经历，我们就看不到那些影响其荣辱浮沉的内在原因，理不清来龙去脉。

正是基于这样的思考，我需要由刘贺生活的时代向前追溯，一直追溯到汉武帝时期。因为影响刘贺命运的一系列政治变局，即发端于此。这就像是一场大戏，先从序幕展开，观众才能看明白接下来的一场场演出，直至闭幕终场，曲罢人散。

于是，我便从汉武帝与其后宫之间的关系写起，特别是从汉武帝晚年的宫廷政治写起，来展示刘贺一生命运跌宕起伏的政治渊源。在这本小书的全部七章当中，前三章，都是对这一政治渊源的追溯。在第四、五、六章中，刘贺虽已作为主角登场，但叙述的重点，依然是刘贺背后的政治态势，依然是以西汉宫廷政治的发展作为主轴。在此前提下，来讲述刘贺本人的遭遇和行为举止。最后一章，讨论海昏侯墓室出土财富的地域来源，更是站在秦汉经济地理的总体格局上，看待昌邑、豫章两地富庶与贫瘠的差异，联系前面第一章业已阐释清楚的刘髆受封昌邑与乃母李夫人专宠后宫的关系，自易理解，两地之间可谓天差地别。

对于我来说，上述内容安排，正是撰写这本小书的意义和价值所在，同时也是体现专业历史研究者功力的写法，绝不像一些批评者所理解的那样，只是乘海昏侯墓引发的热潮而把一些毫无关系的研究结果串联到刘贺的名下而已，以致海昏侯刘贺反而成了可有可无的陪衬。

譬如，第二章《太子据的反叛》，有些人可能觉得无关紧要，游离于主题之外太远。但我安排写上这一章，却是认为太子据行用巫蛊以至武力反叛，乃是影响汉武帝身后政治局面最为关键的因素，就是由这一局面，直接导致霍光专权，再导致刘贺的登基与黜位，直至宣帝入主未央宫，造成刘贺终老于彭蠡泽畔的海昏。同时，在我看来，刘据在巫蛊之乱中的行为，学术界一直缺乏正确的认识，因而就不得不花费很多笔墨，一一解析相关史料，揭示历史的真相。

其实，不仅是太子据对乃父汉武帝刘彻施行巫蛊之术是经我研究始得揭示，本书中所有重要的史事（如霍光专权的种种行径）以及诸多细节，几乎都出自本人新的研究，而且深入剖析了史事背后的内在原因，绝不是简单地把《汉书》等史籍的文言记载转写成现在通行的白话文而已。

这些，只要认真阅读，前后通观，对比思索，读者是不难看出、也不难看懂的。我在这本小书中提出的诸多见解，不一定都能够得到读者认同，也一定会存在某些疏误。这些都是很自然的事。学术探索，永远是一个不断完善的过程。例如，上面谈到的太子据施行巫蛊一事，很多人就不以为然。

然而，令我意想不到的是，有位仁兄竟大喇喇地评论说，他站在生活·读书·新知三联书店，一会儿就翻完了这本小书，感觉很是失望，说"如果对汉史有一定了解，这本可以忽略不看。前面五分之四都不过是串了串汉史而已"；另外还有人贬斥说，读了这本小书，发现我辛某人"自己的东西很少"。我确实不是秦汉史专家，只不过偶然触及相关问题，但也算是大致阅读过关于西汉历史的基本文献和一些通行的研究成果，真不知这些高人如此丰富的"汉史"知识是从哪里来的，以及具有何等犀利的目光，一眼就看出我是在搬弄别人的东西。当然，这些人也可能是以前很认真地看过一些我的研究成果，关注我论述的内容过于认真，以致没有留意敌人署下的贱名。因为我在这本小书中表述的很多内容，此前已经做过研究，并且不同形式地刊布过论文，或是出版了著作。

三

记得去年3月海昏侯墓出土文物在首都博物馆得展览开始之后不久，生活·读书·新知三联书店的张龙先生，就和我谈起，说是社会上很有需要，希望我能写一本关于刘贺的书。我本来的专业是研究中国历史地理，针对的是"地"，而不是"人"。全国有那么多秦汉史专家，为什么找我不找别人，这是因为张龙先生在北大读博士学位时听过我的课，对我比较了解，知道我做过一些相关的研究，相对来说，具有较好的基础。

当时我没有应允。这是因为我不想料理已经做过的研究，更不想凑热闹，我想集中精力做新的研究。孰知接下来又有好几家出版社，想让我来写这样的书。这些出版社通过各种途径，对我既有的研究也已有所了解。

与此同时，随着海昏侯墓出土文物在首都博物馆的一天天展出，考古工作者通过学术报告、向新闻媒体透露相关情况并表示初步看法、接受媒体采访等多种形式，也不断公布相关讯息，引起社会各界更为广泛、也更为强烈的关注。

在这种情况下，我想及时出版一部有关刘贺的专业性书籍，确实有很大必要性。它首先可以给专业的考古、文物和历史研究工作，提供一个基础，以更好、更及时地利用海昏侯墓出土的文物和文献，使学者们的研究，可以更加顺利地展开，得出更多新的成果，以更好地满足人们对相关历史知识的渴求。同时，这样的书籍，也可以给文化层次相对较高的社会各界人士，直接提供文物展览中所看不到历史知识，以借助这些知识，全面认识海昏侯墓的主人，了解他为什么会有如此传奇的经历，再通过他的戏剧性人生，看破中国古代帝王宫廷权力争夺的真实样貌，看到历史教科书中往往不屑于表现的缤纷场景。真实的历史，其实比时下胡编滥造的影视剧要精彩很多。

于是，大概在去年5月中旬前后，我主动和张龙先生协商，我写，并且还是希望在生活·读书·新知三联书店出版这部书。这不仅因为本是张龙先生先和我提起出书的想法，更重要的是，以往的经历告诉我，在各大出版社中，生活·读书·新知三联书店对作者最尊重，让你感觉最温馨。责编做事体贴，领导也很关怀，绝不会对你吆五喝六，更不会摆出大社大官儿的架子卡你，吓唬你，逼迫你。由于社会需求十分迫切，我便全力以赴。经过大约一个月的努力，如约交付了书稿。

能够在决定动笔写作后较快完成这部书稿，并不是萝卜快了不洗泥，随便凑乎码些字儿就算了，是因为如前所说，我有比较充分的基础。不过谈到这些基础，是一个很长很长的故事，下面我就简单向大家讲述一下这个故事的梗概。

看过我文章的朋友，第一印象，大多都会感觉很凌乱。什么时代、什么问题，往往都会牵扯一些。不仅没有一致的研究"范式"，还没有确定的研究对象，东一耙子，西一扫帚，满地乱划拉。乱就乱吧，跟上风，赶上潮也好，可又偏偏落伍得很，挨不上任何一种众人追捧的时尚。这没什么高深的道理——我不是历史专业出身，一直在学习，更多地是在自学，总想多自学一些基础知识。学习过程中，有什么心得，就提笔记下来什么。如此而已。

2004 年，我离开社科院历史所，到北大历史系教书。在这之前，阴差阳错地做了六年副所长，基本上没怎么做研究。念书做学问，是有一个"状态"的。所谓"状态"是一种感觉，只可以与知者言而不可以与不知者道。懂的人，我一说就懂；不懂的人，打死他也不明白。可惜的是，现在的学者，懂这一点的并不是很多。

　　由狗官，复原成为学人，最重要的是，重新恢复研究的"状态"。我预想，这恐怕不太容易。初步计划，争取用两年左右的时间，达到这一目标。说这不太容易，是因为我知道人的惰性，年龄越大会越严重；陷溺于一种非学术的"状态"时间越长，越难以自拔。这一年，我已经四十五岁，稀里糊涂地混日子，也有五六年时间。能不能尽快进入一个好的"状态"做研究，确实是很严峻的考验，但我必须咬牙挺过这一关。

　　也许是因为在心理上做了充分的准备，实际上是很顺利地过渡到了我期望的"状态"。光阴如箭，到现在，十三个年头过去了。《海昏侯刘贺》这本小书，也可以说是在这一过程中很自然地形成的一项研究成果。

　　刚到北大工作后不久，有朋友约我去甘肃参加一个有关长城的学术会，主办方管吃管睡管打飞机，但总得提交一篇论文当"过所"（就是现在说的"通行证"）。你想想，五六年不好好看书了，怎么能说写文章就写文章？不过所谓调整"状态"，最简单易行的办法，就是不管做好做歹，做大做小，随便做什么都行，一定要硬着头皮先抓个事儿做起来。我想，凑乎着写篇东西，就用这来调整自己的"状态"（另外，离开历史所时，我就为自己定下规矩：参加学术会议，就一定要提交论文。没文章，就不去，而且绝不用同一篇稿子参加两次会议）。

　　现在我常在北大的课堂上对学生讲，人没必要死乞白赖地做学问，做学问本来就是读书人的穷途末路，因而混学位并不可耻，怎么混都行。信得过我，我还可以帮你混。但既然要做，就要像个做的样儿，要为几十年以后的学术生活，多做一些准备，多用一些功。做狗官多年，能保持人的本色而没有沦为畜生，已经很不容易，遑论学业。幸亏当年读研究生的时候，曾对今内蒙古黄河河套地区的长城，有过一些关注，大致能够赶写出一篇契合主题的文稿。

于是，就有了《阴山高阙与阳山高阙辨析》这篇文章。由于文中涉及的秦九原郡，我又刨根问底，写出了《秦始皇三十六郡新考》一文（附带说一句，很多人并没有理解这篇文章的意义所在，没有理解我论秦郡与其他学者立意和宗旨的差别是什么。到目前为止，我仍未放弃自己的观点。关于这一问题，以后有合适的机会，我会详细说明）。由《秦始皇三十六郡新考》，连带着引出两篇新的文章：一篇是《两汉州制新考》（与《秦始皇三十六郡新考》等文，汇编为《秦汉政区与边界地理研究》一书），其中牵涉到一方瓦当，铭曰"惟汉三年大并天下"，而追究这一铭文的时代与内涵，便形成了《重谈中国古代以年号纪年的启用时间》这篇论文；《秦始皇三十六郡新考》带出的另一篇文章，是为彻底解决秦"故鄣郡"问题，撰写了《所谓"天凤三年鄣郡都尉"砖铭文与秦"故鄣郡"名称以及莽汉之际的年号问题》。

在撰写《重谈中国古代以年号纪年的启用时间》和《所谓"天凤三年鄣郡都尉"砖铭文与秦"故鄣郡"名称以及莽汉之际的年号问题》这两篇文章的过程中，因为全面梳理西汉王莽时期的年号问题，我又注意到汉宣帝的"地节"年号，在其背后，隐匿着一个重大政治史问题。于是，接下来又发表了《汉宣帝地节改元发微》一文（这三篇文章经增改修饰，合在一起，出版了《建元与改元——西汉新莽年号研究》一书）。在这篇文章中，为揭示地节改元背后的宫廷斗争内幕，自然而然地触及并把握了武帝末期至宣帝时期宫廷政治的基本脉络，同时也触及刘贺的戏剧性命运。这一研究结果，就是《海昏侯刘贺》这本书中第三、四、五章的主体内容，也是我写这本书所依赖的最主要的既有成果。

另一方面，我到北大做教员，当然要给学生上课，我也喜欢站在讲台上讲课。可惜现在医生说，讲课情绪上扬，容易增高血压，站着会更严重，这对我身体不利。所以，以后只好坐着讲课了。

我在给研究生讲授"目录学概论"这门课时，想尽量清楚一些说明《资治通鉴》各个部分、也就是各个时段纪事的史料价值。

过去自己受学于黄永年师的看法是，《通鉴》之秦汉部分，绝对不能用作纪事的史料，然而其他现代学者的相关著述却没有这样的表述。更为重要的是，北京大学的田余庆教授，写有一篇重要论文，题为《论轮台诏》。这篇文章受到很多学者的称赞，其结论，是被普遍写进教科书的"定论"，而其主要史料依据，就是《资治通鉴》；或者说，《论轮台诏》一文，是主要依据《通鉴》立论。

在这种情况下，我无法回避，必须对《资治通鉴》的相关记载，做出深入的论证。这样，就有了生活·读书·新知三联书店给我出版的《制造汉武帝》。这本小册子意在说明司马光为张扬个人的政治理想而如何恣意书写汉武帝和卫太子的形象。

通过这一研究，我对西汉武帝至宣帝时期的政治样态，有了新的认识：即田余庆先生提出汉武帝晚年下诏悔过，改变了此前实行的"尚功"路线，改而"守文"，而且将其视作汉代政治发展史上的一个重大转折，而我认为，这一观点，是不成立的。我的看法是：西汉武帝至宣帝时期的政治路线，一以贯之，小的波动起伏虽恒所固有，但并没有发生过转

折性的变化，西汉治国路线的所谓转折性变化，发生在元帝时期，而不
是汉武帝的后期。

这一研究结论，对《海昏侯刘贺》的撰写，至关重要。如前所述，
这本小书展开的主线，是西汉宫廷斗争，也就是纯粹的对权力、利益的
控制和争夺，用我老师黄永年先生讲课时常用的语言来说，就是狗咬狗
的厮杀。根据可靠的史料，看不到司马光在《资治通鉴》中刻意塑造的
卫太子形象，看不到这位太子哥儿持有什么不同于乃父的利国利民主张
和寄寓正义理想的政治路线。这是《海昏侯刘贺》全书立论的基础，而
我对这一基础有着清楚的认识和充足的自信，它不是一个虚拟的前提。

除了这一隐而不显的重要基础之外，在《海昏侯刘贺》这本书中，
直接渊源于此的表述，是第二章《太子据的反叛》。关于这一问题，我
在《制造汉武帝》中只是做了简单的叙述，指出卫太子确实针对汉武帝
行用了巫蛊之术。本来以为是一清二楚略无疑义的事实，不料却遭到诸
多人士强烈的质疑。为此，后来不得不专门写了一篇题作《汉武帝太子
据施行巫蛊事述说》的论文，详细阐述我的看法。《太子据的反叛》这
一章，就是源出于此。

通过以上说明，大家不难理解，《制造汉武帝》的先行出版，对我
撰写《海昏侯刘贺》，作用甚大，也可以说是书中看不见的一条神髓。

在上述两个主要来源之外，本书第六、七两章，特别是第七章的全
部内容，主要是依赖我本来的专业，亦即历史地理学的研究基础。需要
说明的是，除了一般性地了解和利用相关知识（如引述我的老师史念海
先生的研究成果）之外，更多的叙述，也是出自我本人的研究，其中有

些内容，过去也有成文刊布。例如，论述所谓"午道"问题时就项羽北上救赵路线所做的阐发，就是出自我过去撰述的《巨鹿之战地理新解》（收入《历史的空间与空间的历史》一书）和《补证项羽北上救赵所经停之安阳》（收入《石室賸言》一书）这两篇文章。

其余像本书最后的"余论"《盖棺论定于青史》，主要论述对于传主刘贺其人的研究，究竟是以传世文献的记载为主、还是要专恃海昏侯墓出土的文物、文献？这是一个方法论的问题（但在这里也举例性地谈到我对海昏侯室相关文物的解读），下文还要进一步说明。这部分内容，当然是从头新写。还有第六章的很多内容，还有最前面的第一章《刘贺的家世》，同样也没有写成的旧稿可以利用，完全是这次为撰写此书而新做的研究。

前面已经谈到，限于学识，我的研究不可避免地会有很多疏失。同时，社会迫切需要相关知识，使得撰述的时间比较仓促，书中有些论述也不够完善。例如，关于"海昏"这一名称，我在本书交稿之后，就又接连写出了《羹颉侯、东昏家与海昏侯爵号》与《彭蠡泽畔的落日斜晖——海昏县名释义》这两篇论文，对书中的观点，又做出了新的补充论证。

不管是旧有的研究基础，还是新着笔的内容，都不是简单地混搭在一起，简单地重复，而是以刘贺以及乃父乃祖作为通贯全书的焦点人物，同时又以西汉武帝、霍光直至宣帝时期的宫廷政治斗争作为贯穿始终的脉络和背景，将这些内容有机地融会为一体。这样才能看清西汉这一时期政治历史的整体面貌。尽管在高大上的历史学家看来，我的认识或许过于肤浅，过于表象，甚至很缺乏品位，但这就是历史的真相。

至于是不是写得很好，以及阅读的人是不是理解、是不是满意以及是不是喜欢，都需要读者评判，每一位读者也都有权力评判。这就像厨师做出的菜，谁动了筷子，都可以说出舌尖儿上和肚子里面的感觉。那是你自己的生理直觉，畅快了，想叫就可以叫出来；恶心了，想吐也要痛痛快快地吐出来。上面和各位谈的，只是我的主观意图，希望大家能够了解，也希望能够帮助大家更好地阅读和理解这本小书。

四

由于《海昏侯刘贺》这本小书是因江西南昌挖掘的海昏侯墓葬而促成的，与这一重大考古发现紧密相连，对它的阅读、理解和评价，自然会和海昏侯墓出土的文物、文字材料联系到一起，同时也会产生一些疑问。

本书出版的消息甫一传出，还没有上市销售，一些人就提出质疑：大量文物和出土文献还没有公布，是不是赶风头赶得太急了？辛某人竟壮起这么大一个胆子，就不怕被接下来公布的新东西打脸？等考古报告正式刊布之后再来写岂不更为稳妥？甚至还有人揣测我是不是有什么特殊关系，得以独窥秘宝，看到了外间无以知悉的考古材料，等等。

这些疑惑，涉及两个不同的层面。

首先，我出生在东北。动物地理学上有一条规律：北方寒冷地区的哺乳动物，共同的特点之一，是"皮厚毛长脂肪多"。人虽然不是普通的动物，但当然首先是一种动物，所以我的体型也比较憨傻壮硕，可脸并不很大，打两下，没什么关系。在比我的体型不知道要厚重多少万倍的学术面前，每一个研究者个人，都是微不足道的。

我们研究历史，是为了探明真相，不是为给自己脸上抹粉贴金，需要"忘我"地工作。我从事历史研究工作，至今仍是一个学徒，更绝不是什么名人，人微位卑，没有什么放不下的脸面。自己要是错了，被人打两下，是活该，你就得受着。这样才能推进学术研究。

当然，需要说明一下，在已经公开发布的内容之外，我没有曲径暗道去获取任何其他的考古信息，哪怕是一丁点儿消息（我一向没有打探人家隐私的癖好。当年读博士学位时研究隋唐两京城坊，别人劝我活动一下关系，去看看那些秘而不宣的墓志，我就表示，既然收藏单位不想让人看，那么，这些墓志，就相当于小裤衩里包裹的私处，属于隐秘部位，我好歹也是个读书人，怎么能去扒人家裤衩）。

第二个层面的问题，是在研究刘贺这样一个人物生平的时候，我们应该主要依据什么？具体地说，是主要依据传世史料，还是要特别依恃海昏侯墓室的考古新发现？对于这一问题，不同的人，显然会有不同的看法。我的主张，是前者，我主张主要依据传世基本史料。

事实上，新出土文物、文献与传世典籍之间的关系，很难做出绝对的比对。因为考古发现是一个开放的过程，人们很难确定无误地判断将来还会有哪些惊人的发现，但传世文献却是基本确定不变的。拿一个可能无限变化的事物去和另一个确定不变的存在相比较，当然不会有清楚的结果。

然而，在另一方面，人们总是生活在现实的环境和状态之中，纯逻辑的可能性，往往并不具备现实的真实性。

在这里，首先要明确的一个情况，是新出土的文物和包括各种铭文在内的文字信息（亦即广义的文献），是两大不同的类别，对历史研究的价值和作用，有很大差别，下面我先来谈出土文字材料、也就是出土文献的问题。

地下出土文物的发现和利用，至迟从汉武帝时期就已经开始，而墓室陪葬文字材料的发现，新莽之末从汉武帝墓园出土的《茂陵书》即已肇开其端（别详拙著《谈历史上首次出土的简牍文献——〈茂陵书〉》，收入拙著《石室賸言》）。更早，则汉景帝时期，已在大地之上孔夫子旧日的阳宅，发现了秘藏于壁间的一大批古文经典。绵延至今，土地就是工地，想致富就去盗墓，各种古文物、古文献，更是层出迭见，早已屡见不鲜。

通观有史以来的各种出土发现，除孔府古文经典的发现，情况比较特殊，它的性质属于秘藏于世供活人阅读的典籍，与从葬于地下阴宅者有实质性差异，并且是出自孔老夫子这样独特人物的家宅，时代又是如此之早，所以，不妨姑且置而不论。这样的话，剩下来其余所有新的发现，包括殷墟甲骨卜辞，两周铜器铭文，汲冢以及近世各种战国竹书，《茂陵书》以至西陲、张家山之秦与西汉简牍，长沙之东汉简牍与三国吴简，敦煌吐鲁番李唐文书，等等等等。简单地说，都无以撼动传世文献的主体地位。

从总体上说，所有这些新材料，都只能对传世基本典籍的记载起到印证、补充和修正的作用，而无法从根本上颠覆传世文献的记载。若是脱离或是无视传世文献的记载，甚至根本无法有效利用这些新出土的文献信息。

记得长沙走马楼三国吴简刚刚发现的时候，我在电视上看到，当时身任国家博物馆馆长的俞伟超先生，信誓旦旦地说，将要通过这批吴简，来改写三国的历史。现在，二十多年过去了，君不见研究魏、蜀、吴三国的史事，主要还是依靠陈寿《国志》的记载。其他各类出土文献的遭遇，也没有什么例外。只不过是在商周以迄战国的历史研究中，出土文献的作用更大一些而已，但对这些文献的研究，依然是以传世典籍的记载为基础，以传世典籍载录的史事为骨干，为背景。与此相对应，单纯研究某一类出土文献的专家，也终究不会成为某一时期或某一方面历史的大家，更谈不上多通达一些史事的大师了。

以上，就是传世文献与出土文献之间实际存在的主次干支关系，而尊重这种客观存在的状况，也就是我对二者之间关系的总体看法。

考古发掘，为一些具体历史问题的研究，提供了相当重要或是具有关键作用的新信息，但对于每一个具体问题的研究来说，新材料或是旧材料，其重要性大小，取决于所研究的问题，而不是新、旧之别。假如脱离具体问题，一定要从总体上做出区分，则当然要以传世基本史料为主，新出土的史料为辅。

时下颇有一些人，先是刻意把传世基本文献与新出土文献的关系对立起来，然后再极力抬高新出土文献的价值和作用。作为对学术方法的一种追求，我认为这是不够恰当的。当然，学问各有各的做法，他人无由置喙。但若是像清代中期以后很多末流金石学家一样，"知史之正杂不能遍观也，于是讲金石"（清李慈铭《越缦堂读书记》语），想走一条省力取巧的快捷之路，就可怜亦且可悲了。

另一方面，评判新出土文物对历史研究的价值和作用，会涉及很多内容。第一，我主张不要过分强调新出土文物与旧有文物的区别，一般来说，二者的价值和作用是等同的，不因发现的早晚而有高低贵贱之分。第二，文物对历史认知的帮助，往往是间接而又曲折复杂的，不能像文字记载一样直接而又明确地反映具体的历史人物和历史活动。在这一意义上讲，它对历史研究的作用，通常是要以历史文献的记载为基础才能得以实现。

同时，文物研究的难度，尤甚于文献，更需要平心静气，潜心去做。既有的文物，包括早期传世和业已发掘一段时期的古代器物，有很多都还没有清楚的研究。它和文献一样，只要细心观察，认真思索，需要研究和可以研究的问题，几乎是无限的，永远不会过时。一些研究者过分急迫地抢着研究新出土文物，往往不是能力不足，就是偷懒儿图省劲儿，为发文章而赶写文章。

基于上述总体认识，再结合刘贺的具体情况，我认为，对海昏侯刘贺生平事迹的研究，只能主要依靠《汉书》等基本传世文献的记载，而以往经验的实际情况，让我有理由大胆断言：在海昏侯墓中新出土的文物和文献资料，绝不可能颠覆《汉书》等传世史料的记载，特别是新出土的文物，通常是无法直接说明墓主人的社会活动的；即使另有什么与《汉书》绝然不同的文字记述，也不过像北大藏秦简中的《赵正书》一样，荒诞无稽，他写写、你看看就是了。

因为《汉书》中对刘贺的直接记载虽然不是很多，却已足够清晰，足够明确，再加上很多间接的相关记述，其基本上是怎样一个人以及经历了哪些事，已经一清二楚。海昏侯墓中若有相关的文字信息，只能进一步补充和完善根据《汉书》得出的认识，而绝不可能对其做出根本性改变。进一步讲，只有先根据《汉书》等传世史籍对刘贺的主要经历做出一个基本的研究，才能够更加准确地解析海昏侯墓中新发现的义献和文物资料——这就是我的认识和态度。

至于我对海昏侯墓出土相关文物、文献的一些具体看法，在《海昏侯刘贺》这本书中已有论说，各位感兴趣的朋友，不妨去翻检一下。总的来说，目前已经向社会公开的出土文物和文献，没有一件能够改变《汉书》等传世文献记载的刘贺形象和社会经历，因而这里就不再赘述了。如果说再多谈一点期望的话，那么，我希望考古的归考古，历史的归历史。考古学家不必急于用出土文物和文献去简单地解说复杂的史事，而是首先尽职尽责地做好出土文物、文献资料的整理和研究工作，厘清出土器物本身的特征及其时代发展序列、地域分化序列。这样的工作，显然更为重要，也更为迫切。

上述认识和主张，并不意味着我会排斥对出土文物和文献的研究。这样的研究，不仅过去做过，例如拙著《石室勝言》，收录的就都是研究出土文献、文物的论文。单纯就海昏侯墓的考古新发现而言，我也一直十分关注。

在本书交稿后，一看到《考古》2016年第7期上公布的正式简报，我就在自己的微博上连续公布了两篇短札，指出海昏侯墓园整体布局形态与西汉长安城平面构成形式之间的对应关系。这是中国古代都城变迁史上的一个重要问题。海昏侯墓园的完整勘探和揭示，对合理认识这一问题，起到了重要的作用。

与此同时，在这一篇考古简报上，还有正式披露的《齐论·知道》的大致情况和个别简文。我也当即在医院的病房里撰写了一篇读书札记，题作《怎样认识海昏侯墓出疑似〈齐论·知道〉简的学术价值》；随后又很快写出《海昏侯刘贺的墓室里为什么会有〈齐论·知道〉以及这一〈齐论〉写本的文献学价值》这篇文章，阐述了自己的初步看法。

对我不等、也不管海昏侯墓出土的文物和文献全部公布，就径自撰著《海昏侯刘贺》一书，很多人感觉有些怪异，或是觉得不够妥当，其间还涉及对所谓王国维创立的"二重证据法"的迷信和误解。最近在多个不同场合，都有人向我提出这一点，并让我说明对"二重证据法"的看法。

这个问题很大，我虽然有自己的看法，但一直不愿公开来谈。因为历史学的治学理念，往往言人人殊，自己想怎么做就怎么做是了，何必对别人的做法说三道四。况且这事儿关涉前辈大师，以我之浅薄，何敢妄议？不过，现在既然不断有人提出，我不适当讲一讲，恐怕会有很多误解。所以，下面就很简略地做一说明。

首先需要说明的是，关于王国维先生倡导"二重证据法"的学术史意义，业师黄永年先生曾有《论王静安先生"二重证据法"的历史地位》一文，做有很深刻的阐释，我这里只谈黄永年先生没有详细讲说的另一个侧面。

今说者多谓王国维先生始创"二重证据法"，在我看来，这实在是很荒唐的说法。这一说法，大概是源自王国维先生在《古史新证》第一章总论中国上古史研究状况时讲的如下一段话：

> 吾辈生于今日，幸于纸上之材料外，更得地下之新材料。由此种材料，我辈固得据以补正纸上之材料，亦得证明古书之某部分全为实录，即百家不雅驯之言亦不无表示一面之事实。此二重证据法惟在今日始得为之。

逮王国维先生自沉于昆明湖之后，另一位大师陈寅恪先生，为《王静安先生遗书》作序，复将"取地下之实物与纸上之遗文互相释证"，概括为王国维先生"开拓学术之区宇"而示"来者以轨辙"的"治学方法"之一，于是后人纷纷响应附和，视此"二重证据法"为王国维先生创立的一代为学大法。

可是，实际情况果真如此吗？稍读古书者皆知，利用地下出土材料与传世典籍互证，实久已有之，这本是极为普遍、也极为平常的做法；甚至也可以说是只要有出土文献的发现，就必然要做的事情。例如，西晋时人傅瓒（即所谓"臣瓒"）援据《茂陵书》以注《汉书》，即其早期例证之一；其后北宋中期开始普遍兴起而至清朝乾嘉时期达到一代巅峰的传统金石学研究，则几乎无一例外，莫不如是。这种实际情况足以说明，根本不需要什么超人的大师来苦心劳志地创制其法。其实仔细斟酌王国维先生的文字，所谓"此二重证据法惟在今日始得为之"，本无自矜首创之意，只是将其付诸应用"惟在今日始得为之"而已。

既然不是自己创制这一方法，那王国维先生又为什么会说其法"惟在今日始得为之"？开动脑筋揣摩相关情况，可知这主要是特指以殷墟甲骨占卜文字来证释《史记》等书载录的殷商历史，并不具有普遍性意义。这一点，本来略一翻检《古史新证》原文，就很容易看出，原意是清清楚楚的。盖殷墟甲骨文字清末始得面世，前人固无缘利用，故王国维先生发此"今日始得为之"一说。看王氏写给内藤湖南的七言古诗《海上送日本内藤博士》，尤易理解他对这方面研究的自矜。无奈的是，竟很少有人对此稍加思索。

另一方面，陈寅恪先生对甲骨文字和殷商历史的研究，并没有具体、深入的了解，其信口乱讲八卦，污蔑罗振玉先生攘夺王国维的《殷虚书契考释》书稿以为己物，就是很好的证明（见《傅斯年图书馆善本古籍题跋辑录》载述陈寅恪先生的几次谈话）。

旧时代传留下来的老规矩，名人给别人题写序跋，有很多时候，主要是出于应酬；而既然是有应酬的成分，就免不了信手敷衍成文。这与深思熟虑的论著，往往大不相同。即使大家衷心仰慕，陈寅恪先生终归也是凡人，不一定事事都能免俗。在我看来，陈寅恪先生给《王静安先生遗书》作序，和他为陈垣《敦煌劫余录》撰写的序文一样，有些话（如《敦煌劫余录》所说"预流"），究竟在多大层面上具有普遍性意义，还需要结合陈氏本人的研究实况，悉心斟酌寻味。

如果就所谓"二重证据法"问题再多谈两句题外话的话，窃以为王国维先生的主张，本身也存在很大局限性。王国维先生在《古史新证》中特别强调这一方法，本来也是有为而发，盖即针对以顾颉刚先生为代

表的"古史辨学派",针对这一学派所主张的古史层累学说。他在前面引述的那段关于"二重证据法"的文字之前,本先有论述如下:

> 疑古之过,乃并尧舜禹之人物而亦疑之,其于怀疑之态度、反批评之精神,不无可取,然惜于古史材料未尝为充分之处理也。

于是,在举述《书》《诗》《易》《春秋》等早期典籍的产生年代实源远流长的同时,另行搜讨两篇春秋时期的铜器铭文,用以证明史籍中的大禹其人之真实可信,并且从总体上推论说:"经典所记上古之事,今日虽有未得二重证明者,固未可以完全抹杀也。"然而,春秋铜器铭文中提到禹,并不能证明上古典籍中的大禹就是信实的人君,并不能否定上古典籍中的夏禹充满天神的属性(当然,究竟是以神话人物衍为帝君,还是由人而神化,自可进一步深入探讨)。即便是前些年保利博物馆收得的那件可能属于西周时期的豳公盨,其铭文中镌有和《尚书·禹贡》相似的文句,谈到"天命禹敷土,随山浚川",性质也同样如此,依旧无以证明禹之人性,而这样的文句恰恰是顾颉刚先生所说禹之天神性的突出体现(业师黄永年先生在《评〈走出疑古时代〉》一文中,已经指出豳公盨铭文无以否定禹之神性)。

其实当年王国维先生的《古史新证》甫一撰成,顾颉刚先生就将其前两章编印在了《古史辨》第一册中,并附加案语云,读此可知春秋时期各地尊崇的最古人王都只追溯至夏禹,并没有黄帝尧舜。顾颉刚先生为此感到"很快乐",因为他的古史层累学说"从王静安先生的著作里得到了两个有力的证据"！至于王国维先生以殷墟卜辞印证商王朝世系，这与顾颉刚先生的观点，本略无抵牾。顾颉刚先生随后还撰写《〈周易〉卦爻辞中的故事》一文（见《古史辨》第三册），举述"王亥丧牛羊于有易"等事，进一步补充完善了王国维先生的研究。

两相比较，顾颉刚先生显然是站在一个更高的层次上看待上古史问题，在研究方法上更具有开创性意义；在实际学术影响上，是彻底推倒三皇五帝的传统，引领中国历史的研究，进入一个全新的时代。这也是五四运动在历史学研究领域留下的一项丰硕成果，与文学领域的白话文推广，双峰并峙，光芒万丈。"古史辨学派"对一些问题的具体论证细节固然有诸多瑕疵，可以做出修正（"古史辨"本来就是一个开放的体系，顾颉刚先生从来也没有终结学术的想法），但其基本观点，却并没有过时。历史事实俱在，岂容恣意诋毁？况且其宏阔的历史视野和格局，也不是技术性的"实证"所能替代的，二者并不在同一个层面。

话说回来，做文史研究的学问，最重要的，还是下功夫读书。除却天分超逸之外，王国维先生的过人之处，正是一心苦读，特别是着力注目于传世基本典籍，所谓"读书种子"，即其谓也。在对王国维学术的认识和评价方面，与陈寅恪先生相比，我还是更信服罗振玉先生的论断。罗振玉先生不仅提携扶掖，帮助王国维先生成就其一代学术伟业，而且二人志气相通，共同造就所谓"罗王之学"，故所言更有切肤的体会。观其自言对王氏"学问之变化，知之为最深"，信非虚语。按照罗振玉先生的说法，王国维先生之所以能够在以"地下之新材料"来"补正纸上之材料"方面取得丰硕成果，是由于他们二人在辛亥国变之后避居日本期间，王国维先生始"专治经史，日读注疏尽数卷，又旁治古文字声韵之学"，以此为基础，才能够"由博以反约"，臻至"义据精深，方法缜密，极考证家之能事"的妙境（见罗振玉为《观堂集林》撰写的序文）。

我在大学教书，每当学生问我治学有没有什么好的方法，我总想起邓小平谈他如何走下来两万五千里长征路时说的话，就三个字："跟着走。"说起来就这三个字，可一步一步走过来又谈何容易！换一个说法，做学问，道理和棋牌类博弈差不多，规则越简单，施行起来越困难。围棋就是典型的代表。治学的关键，不是采用什么神异奇幻的方法，而是究竟能投入多大心力。可惜想下功夫、也肯下功夫治学的人，实在少之又少，大多数人总想觅得锦囊妙计，以轻巧斩获顽寇强敌。于是，也就把大师们应用的寻常治学手段，误认作通天入地的灵囊神器。

其实王国维先生对待出土史料与传世典籍的基本态度，可以用他在《宋代之金石学》一文中所说的话来作代表，这就是"既据史传以考遗刻，复以遗刻还正史传"。我理解，这里所说"以遗刻还正史传"，正是以"据史传以考遗刻"为必备前提，所谓据"地下之新材料"以"补正纸上之材料"，讲的也是同样的宗旨，而这样的看法，正与清初学术巨擘顾炎武的主张一脉相承。盖顾氏把传世基本典籍比拟为五岳百川，而铜器铭文和石刻碑版等所谓新发现、新出土的史料，只能起到"增高五岳，助广百川"的辅助作用（说见顾氏《金石文字记》），不宜反其道而行之。

2017 年 1 月 14 日至 20 日间初拟提纲并草成部分文稿

2017 年 1 月 21 日下午讲演于《北京青年报》报社

2017 年 1 月 24 日晚写定

怎样认识海昏侯墓出疑似《齐论·知道》简的学术价值

中国江西网记者陈文秀近日报道，在海昏侯墓中发现的竹简，其中包括久已失传的《齐论·知道篇》。同时，主持发掘者在《考古》2016年第7期上发表的《南昌西汉海昏侯墓》一文，也正式学术性地公布了这一发现，并且随文刊发了包括篇题"智道"（知、智通）在内两支简的照片。

江西网的报道称，《知道篇》的发现，若得以确认，"那在整个中国学术界、可能在世界学术都是一个非常重大发现"。那么，其"非常重大"的意义究竟何在呢？现有的报道和已经刊布的研究都没有清楚说明。

真正的学术性研究，在很大程度上都是满足人们探索未知的好奇心。我对《论语》没有做过一点儿研究，但同样对这一考古发现充满好奇心。受此驱使，做了一些思索。下面记下自己阅读相关论著的笔记。

江西网的报道讲述说："西汉时期，《论语》分为《鲁论》《齐论》《古论》三个版本。"《南昌西汉海昏侯墓》一文也说："《论语》中发现的《知道》篇，很可能属于《论语》的《齐论》版本。"这些话表述得似乎不够十分清楚、准确。就版本学的意义而言，可分别表述为：（1）西汉时期流传的《论语》文本，分属《鲁论》《齐论》《古论》三个系统。（2）海昏侯墓中发现的《知道》（《智道》）篇，很可能属于上述三个系统《论语》文本中的《齐论》。

若谓西汉时期流传的《论语》文本有上述三个系统，那么，这几个系统的文本，又是什么时候形成的？这是人们要关注的第一个问题。由此带来的问题，首先是《论语》是什么时候出现的？

众所周知，所谓《论语》，是编次成篇的孔子论学言语。众弟子传述孔子的言语，并不等于实时编录成书，或是凝结成为单一固定的篇章书名。这是古今一贯的道理。

另一方面，我们知道，流传至今的先秦典籍，有很大一部分，是西汉以后写定的文本，或至西汉始"著于竹帛"。因此，孔子的"语录"即使早有传本，与今本《论语》恐怕也会有很大差别。

事实也正是如此。直到汉武帝时期以前，包括陆贾《新语》、贾谊《新书》和《韩诗外传》等书在内，在引述孔子言论时，往往只称"孔子曰"或"传曰"，而且其中有很多内容，不见于今本《论语》，显示出当时尚无"论语"这一书名（尽管极个别典籍，如《礼记·坊记》提到了"论语"，但统观相关其他情况，恐怕出自后人添改），而且似乎也没有类同今本《论语》的文本流传。

今本《论语》形成、流传过程中，西汉景、武之间再现于世的孔府宅第壁间秘藏古写本孔丘"语录"，是一个具有特别重大历史意义的文本——这也就是所谓《古论》，亦即古写本《论语》，西汉末人刘向称之为《古文论语》。

其历史性意义在于，孔夫子门下有很多学生，"当时弟子各有所记"，这就像我们现在在《朱子语类》中见到的那样，相同或相近的内容，门生各有记录。待"夫子既卒，门人相与辑而论纂"（《汉书·艺文志》）。据王充《论衡·正说》所记，圣门弟子记录孔子言行的文献，多至"数十百篇"。这也就是前文所说《新语》《新书》等引述的孔子言论会多逸出今本《论语》之外的历史原因。

但《论衡·正说》同时又记载，这些文献，至"汉兴失亡"。这也就意味着《新语》《新书》等书引述的内容并非出自"数十百篇"的全编，或口耳相传，或属摘记的文本，顶多依据的是有限的部分篇章。

在这样的背景下，《古论》的发现，实际上是较多篇章的孔子言论又比较完整地重现于世。

这次得到的孔子言论集，共有二十一篇，基本上就是今本《论语》二十篇的内容。只是当时的文本，是把今本第二十篇《尧曰》的后半部分另分为一篇，或题作《子张问》。因前面另有《子张》一篇，故亦称其有两《子张》。

当时社会上似乎并没有与这种《古论》内容基本相当的孔子"语录"辑本流传。而所谓《古论》之"古"，就是"古"在它是用秦统一前战国古文字写成的，读解不易。不难想象，要是另有通行的"汉隶"文本作对照，就会很容易释读。按照《论衡·正说》的记述，就官方的传授而言，昭帝时"始读"此二十一篇古本。这应当就是《汉书·昭帝纪》

所记之元始五年诏书提到的"朕修古帝王之事"而"传《孝经》、《论语》、《尚书》"一事。但直到汉宣帝时,所谓"太常博士"尚且宣称其书"难晓"。这种情况,同样说明,在据此古本转写之前,并没有篇幅、内容与之相当的汉隶文本。不然的话,何必如此大费周章。

特别值得注意的是,"论语"这一书名,也是随着这种孔宅古本的流行而确定的。这就是《论衡·正说》所记孔子后人孔安国以其书教授武帝时人鲁扶卿,而官至荆州刺史的鲁氏"始曰《论语》",亦即以"论语"二字名书。这符合上古著述起初往往仅有篇题(小题)而无书名(大题)的通例。

与此同时,孔宅发现的用战国古文字写成的孔子"语录"文本,至东汉时期仍有流传。许慎《说文解字》引述的相关内容,就应直接出自这种古本,而东汉末期学者郑玄称述的"古文"《论语》,恐怕应该是直接依据古文改写的隶书文本,即所谓"隶古定"本。

根据曹魏时人何晏《论语集解》叙文中引述的西汉末人刘向的说法,西汉武帝以后、特别昭、宣二帝时期以后,社会上还传习有所谓《鲁论语》和《齐论语》,或亦称作《鲁论》和《齐论》。

那么,这种《鲁论》和《齐论》又是从哪里来的呢?它们二者之间以及它们同所谓《古论》又有哪些不同呢?相关问题,有些简单明了,有些则不大容易说清。

乍一看,人们很自然地会想到,《鲁论》是春秋战国鲁地传习下来的《论语》,《齐论》则是齐国旧地传习下来的《论语》,是与《古论》不同的另外两个系统。现在很多学者也都这样看待这一问题。但问题是:

如前所述，早期门徒所记"数十百篇"的孔子言论，至汉初已经"失亡"，而传习《鲁论》与《齐论》的学人，凡见于文献记载者，都是汉武帝时期发现孔壁古文写本以后的人物，绝大多数人更生活在昭、宣时期以后，正可印证早期孔子言论集本多在汉初失传的情况。

汉文帝时，情况有所改变。但如刘歆《让太常博士书》所述，当时"天下众书多出，皆诸子传说，犹广立于学官，为置博士"，从而可知当时所传孔子言论，或属"诸子传说"之一，而如前所述，这时也还没有"论语"这一书名。陆贾《新语》和贾谊《新书》等引述的孔子言论，有些或源出于此等"诸子传说"。

这就提示我们，武帝以后才清楚传习情况的《鲁论》和《齐论》，是不是有可能出自所谓《古论》呢？

首先我们来看篇目。

今本《论语》最主要的骨干，出自《鲁论》。如前所述，与今本《论语》相比，《古论》只是比今本《论语》多析出《子张问》一篇，实际构成无大差异。《隋书·经籍志》称，除了"章句繁省"的细微差别之外，《古论》"与《鲁论》不异"，讲的就是二者差相仿佛的情况。除了"章句繁省"之外，《鲁论》和《古论》对书中各篇的排列次序，也不尽相同。如篇章次第主要依从《鲁论》的今本《论语》（《汉书·张禹传》），《乡党》列在第十篇，《鲁论》亦应如此，《古论》则是把《乡党》列为第二篇（皇侃《论语义疏》）。不过这种篇次顺序差异，是早期写本文献常有的现象。诸家《论语》篇次前后的差异，还不止于此。据《汉书·张禹传》记载，前面提到从孔安国学习《古论》的鲁扶卿，与王阳、萧望之、韦玄成诸人，虽然都讲说《论语》，但却"篇第或异"。

《齐论》的情况，亦大致与之相仿。如曹魏时人何晏，在《论语集解》的叙文中说，《齐论》的章句虽然"颇多于《鲁论》"，但同样只是"章句繁省"的差别，实质内容，大体一致。

这种情况说明，《鲁论》和《齐论》确实很有可能是从《古论》脱胎而出的。

不过，事情也并不是这样简单。《齐论》同《古论》《鲁论》相比，还有比较显著的差别，这就是《齐论》共由二十二篇组成，用何晏的话来讲，就是"《齐论》有《问王》《知道》，多于《鲁论》二篇，《古论》亦无此二篇"。《汉书·艺文志》及其古注中也有相近的记载。因此，从表面上看，《齐论》似乎另有渊源。然而对此也可以做出另外的解释，这就涉及《问王》《知道》二篇的性质和价值。

如前所述，所谓《古论》应是早期记录孔子言行"数十百篇"文献中的一部分，但这"数十百篇"本身也是不断累积集合而成的。

在《古论》面世的汉武帝时期，尽管篇章远不如孔壁《古论》这样多，但是还有其他一些孔子言论的零篇，通过其他途径存留于世（或即汉文帝时期面世的"诸子传说"的一部分），其中包括所谓"齐鲁二篇本"和"河间七篇本"（《论衡·正说》）。日本学者武内义雄认为，"齐鲁二篇本"应是孟子游齐时将齐、鲁两个学派的传承汇聚于一处的产物，也就是折中子贡派和曾子派的结果，而这部分内容，同样见于《古论》，这就是《古论》的第一篇《学而》和第二篇《乡党》。"河间七篇本"也与孟子具有密切关系。它应该是曾子、子思、孟子这个系统传承下来的孔子言论集,核心传承人物是鲁人曾子。这七篇不仅同样见于《古论》,而且似属《古论》中结集历史最为悠久的部分,此即《雍也》《公冶长》《为政》《八佾》《里仁》《述而》《泰伯》诸篇。无论是"齐论二篇本",还是"河间七篇本",都是汉人通行的"今文"文本。与此类似的情况,如汉初鲁人高堂生传今文《士礼》十七篇,为后来发现的《礼》古经五十六篇的一部分;今文《尚书》二十八篇,也在后出孔壁古文《尚书》四十六篇之内。

武内义雄同时认为,《古论》中其他诸篇的来源,也有踪迹可寻。其中《先进》《颜渊》《子路》《宪问》《卫灵公》《子张》《尧曰》七篇,是以子路为中心的孔子言论,应属齐人传承的孔夫子"语录",而《季氏》《阳货》《微子》《子张问》《子罕》诸篇,则是后人根据种种材料拾取夫子言论而对孔子"语录"所做的补遗。这些"补遗"部分,内容驳杂,汇集年代各异,其最迟晚者,应已进入战国末期。

了解到这一点,我们就有理由推测,《齐论》中不见于《古论》的《问王》《知道》二篇,也有可能是武帝以后人在《古论》基础上新增补的内容。

事实上,武内义雄正是把《鲁论》和《齐论》看作是《古论》不同的"今文"传本,即《鲁论》为流传到鲁国故地的传本,《齐论》是在齐国旧境的传本。前述从孔安国受读孔宅古本并将其定名为"论语"的鲁扶卿,据《汉书·艺文志》等记载,正是传布《鲁论》的重要学者,可在一定程度上印证上述看法。虽然没有直接的证据,但武内氏也从几种文本的文字和内容上做了具体的对比分析。至少在我看来,是比较合理的。

按照这样的观点,不言而喻,《问王》《知道》二篇,只能是汉朝齐地一派的学者根据其他材料和途径新增入《论语》的篇章。

那么，齐地一派以外的学者，又是怎样看待这两篇内容呢？审度今本《论语》的编定过程，就可以清楚看到这一点。

在今本《论语》形成过程中，最关键的人物，是成帝时人张禹。据《汉书》本传和何晏《论语集解》的叙文等记载，张禹本来是师从夏侯建学习的《鲁论》，但后来又转而师从王阳、庸生学习了《齐论》，故能以《鲁论》为主而折中二本，编成定本。由于张禹曾被成帝赐爵关内侯，后又受封安昌侯，世人或称此本为《张侯鲁论》，或称《张侯论》，为世人所尊贵。关于此《张侯论》的情况，在熹平石经残片中尚可见一斑。在此篇章结构的基础上，郑玄在东汉末又参考《齐论》和《古论》，为之作注（武内义雄认为，实际参考的恐怕主要是《古论》）。再经曹魏何晏，杂糅诸家，纂为《论语集解》（《隋书·经籍志》），流传至今。

在这过程中，张禹和郑玄等人，对《齐论》中的《问王》《知道》二篇，都视而不见，《隋书·经籍志》更明确称，张禹在编定新本的过程中，乃是"删其繁惑"，这才"除去《齐论》《问王》、《知道》二篇"，亦即对这两篇犹如排泄物一样弃置不顾。这说明在他们看来，这两篇的来源或者价值一定存在严重问题（顶多是已经别有传本。如清人汪宗沂以为这两篇已编入《大戴礼记》）。这一点，是人们在为海昏侯墓发现的疑似《知道》简兴奋不已的时候，应当持有清醒认识的，以合理衡量和把握这一发现的"意义"和价值所在（武内义雄对《古论》《鲁论》《齐论》三《论》关系的看法即使不能成立，仍无法改变《齐论》之《问王》《知道》二篇是被张禹和郑玄等人刻意剔除于《论语》定本之外这一事实）。

　　最后再次郑重说明，具体的情况，相当复杂，以上所述，只是我作为一个外行初步阅读相关文献和论著的读书笔记。这些内容，或许与世间通行的说法不符，差误更在所难免。写下这些体会，不过是为自己进一步学习、理解有关《论语》早期文本的问题存以备忘而已；同时，也表明自己看待海昏侯墓出土疑似《知道》简的基本态度，以供关心这一新发现的人们参考。

2016 年 9 月 29 日晚记

《制造汉武帝》的后话

各位同学：

大家晚上好！

很高兴来到南京工业大学，和同学们交流。我在大学里教书，很喜欢这个职业，几乎每个学期，都至少要同时上一门本科生的课和一门研究生的课，希望自己讲授的内容，能够帮助同学们多获取一些知识。

除了在本校教授规定的课程之外，偶尔也会在校内外做一些专题学术讲座。在这当中，最让我高兴的，是能够有学生们喜欢，喜欢有同学们让我来做讲座。因为我的工作，是因同学们而存在的。同学们喜欢，会让我由衷感到幸福。所以，这次当我们南工大的学生团体表示希望我能来讲点儿什么的时候，我自然欣然从命。

《制造汉武帝》封面

虽然我们南京工业大学是一所著名的工科院校，在座的同学，大多数都应该是学习理工科的，但来这里讲很专门的历史问题，并没有什么担心，并不担心大家听不懂，或是不爱听。这是因为我也是理科出身，上大学本科时学的是地理学，系统学习过理科的基础课程。所以，我相信自己和大家会有共同或相近的思维方式；看待问题，分析问题，会有许多一致的习惯，甚至比很多历史学的同行会更多一些。惟一担心的，只是怕我才疏学浅，讲得不好，不能满足大家的期望，这让我有些紧张。

今天想给大家讲的内容，是关于我在前年秋天出版的一本小书——《制造汉武帝》。书籍出版后，受到的关注，远远出乎我的意料。初印7000册，半年多就脱销了。生活·读书·新知三联书店第2次加印4000册，到现在仅仅一年时间，也即将售罄。在此，首先要向广大读者表示衷心的感谢。

这本小书，涉及司马光撰著《资治通鉴》时对史实的忠实程度和处理方式，涉及汉武帝晚年以至霍光执政时期西汉施行的是怎样一种治国路线，这都是中国古代史研究中的重要问题。我这本小书的很多看法，都与学术界已有的观点不同；或者更准确地说，是与当今中国学者的主流意见直接冲突。于是，在受到众多读者关注的同时，一些人也纷纷撰文，或是以其他形式，对我的看法，提出了尖锐的批评。

这些批评，促使我重新审视自己的研究，帮助我发现自己论证不够完善的地方，也帮助我订正一些行文的疏失，对此，我表示衷心感谢。但就我的整体论证过程和基本观点而言，目前还不能接受反对者的意见，我还是坚持自己的做法和认识。同时，由于《制造汉武帝》出版之后，我一直忙于从事其他研究和比较繁重的教学工作，后来又患病医治很长时间，至今仍未痊愈，所以，就没有专门对这些批评做出回应。我想，这给很多读者造成了一定困惑，不知我是否会修正乃至放弃自己的观点。

下面，我就借这次机会，结合已经看到的批评意见，简要谈谈对其中一些主要问题的看法（而不是与批评者进行辩论），以便广大读者了解我的态度和固持己见的理由。在座的同学，若是还没有读过《制造汉武帝》，也没有关系。大家同样可以听到我对这些重大历史问题的看法，可以了解我是怎样研究这些历史问题的，还可以了解到我对历史研究的基本认识。

一、《制造汉武帝》的著述宗旨与结构设置

首先向大家介绍我这本小书的著述宗旨和结构设置，让大家了解它究竟是怎样一本书。

这本小书，原来是一篇篇幅比较长的论文，题目是《汉武帝晚年政治取向与司马光的重构》。撰写这篇文章，是因为在北大给研究生讲授目录学课程时，想尽可能清楚一些说明司马光《资治通鉴》各个部分的史料价值。

研究历史，首先要有可信的史料。打个不太确切的比方，这些史料，就像我们做理工科实验使用的试验材料。史料的可信程度有大有小，不同的史料，有不同的使用方法，造成的结果，会有很大不同。好了，大家很容易明白，其中有些研究，若是史料运用不当，就像在理工科的研究中使用了不该使用的试验材料，或是采用了错误的试验方法，自然不

会得出正确的结论，或是真正有科学价值、有社会应用意义的结果。

北宋时人司马光撰著的《资治通鉴》，就在这方面存在很大问题：这就是为体现自己的社会理想，司马光在写作过程中不仅刻意摒弃了很多真实可信而且也很重要的历史事实，同时还采用了一些绝不可信的史料，用现在的话来讲，就是着意悖戾客观实际而人为地"构建"自己所期望的历史。作为一位大政治家付诸现实政治生活的工具、尤其是提供给皇帝"资治"的镜鉴，司马光这么做，固然有相当积极的意义，无可厚非。但我们今天要是把司马光这样写成的纪事，简单认作真实发生的历史，以此为基础来论述古代史事，其结论，就难免会"谬以千里"。

与理工科研究过程中对试验材料或是试验方法的区分比较容易得出清晰结论的情况有所不同的是，历史学研究中所运用的史料，往往真赝杂陈，辨别起来，颇费周章。就《资治通鉴》各个不同时期的纪事而言，隋唐五代，由于相关记载比较丰富，相对而言，还比较容易考辨；由此出发，越向前期追溯，相关记载越少，辨析的难度自然也就越大。

不过物极必反。到了秦和西汉时期，因为除了《史记》《汉书》《盐铁论》以及少量子书等这些今人仍可看到的史料之外，基于传世文献的记载，人们实在想不出司马光还会看到什么我们今天看不到东西。所以，一些具备完善文献学基础的学者，就清楚指出，《通鉴》对于秦汉史研究并不具有史料价值，绝不能引用《通鉴》来做秦汉史研究。业师黄永年先生在给研究生讲授治史的入门基础时，即反复强调这一点，并且指出，《通鉴》的纪事内容，系依据《史记》《汉书》等著述编录改写，并没有我们今天看不到的可信史料作依据。

在接受先师教授的这一基本治史原则的前提下，我在《制造汉武帝》这本小书中，具体剖析了司马光在《资治通鉴》一书中人为构建的汉武帝晚年政治形象，指出其所依据的史料亦即《汉武故事》等存在严重问题，不足凭信。

如前所述，问题的复杂性在于，历史研究所使用的史料，其适宜与否，不像理工科实验用的材料那样容易分辨，往往需要研究者首先具备比较完备的文献学基础。然而，文献学涉及的范围是相当广泛的，学者们对它的掌握，实际上是一个终生渐进的过程，谁都难以做到尽善尽美。事实上，就研究者自身的情况而言，并不是所有人都具有同等程度的文献学素养，因而当代一些著名学者的著名论著，在史料运用方面，同样也会不同程度地存在一些缺陷。另一方面，若是就史学论著的接受者或者阅读者而言，具备较好文献学素养或者说受过相应史料学训练的人，就很容易理解我在《制造汉武帝》一书中提出的看法，但这对另外一些人来说，自然会有不同的反响。

在研究者方面，著名学者田余庆先生有一篇题作《论轮台诏》的论文，在学术界影响很大，其结论，不仅被编入多种中国通史的教科书，甚至还被某些学者誉为经典之作。田余庆先生这篇文章，即主要依据司马光在《资治通鉴》构建的汉武帝形象，论证在汉武帝与其太子刘据之间存在着两条相互对立的治国路线：老皇帝"尚功"，小太子"守文"。这两条路线的斗争，导致所谓"巫蛊之变"的发生，而汉武帝在经历了这一番动荡之后，在去世之前两年，幡然悔悟，下诏罪己，把治国的路线，由自己的"尚功"转向已故太子的"守文"，汉代政治的总体走向，从此踏上一条全新的路途。虽然这种观点的萌芽，至迟在二十世纪三十年代，即已经由日本著名东洋史学家市村瓒次郎先生率先提出，但市村先生的观点，本来就不是十分周详，后来又被日本学术界所抛弃，对中国学术界的影响，远没有田余庆先生这么大。

在这种情况下，若不具体指明田余庆先生这篇文章的不合理性，就难以清楚阐释司马光在《资治通鉴》一书中恣意构建汉武帝晚年政治形象的问题。为此，我在这本小书的前四章论述司马光对汉武帝晚年政治形象的构建时，即密切结合田余庆先生的相关看法，一一论证了各项相关问题。

论证这些内容的前四章，虽然是构成《制造汉武帝》一书的基本内容，但只是指出了司马光怎样"制造"汉武帝晚年政治形象和他为什么要进行这种"制造"的问题。另一方面，水有源、树有根，司马光是一个"老实人"，《资治通鉴》的每一项记载都是有"史料"出处的。其具体出处，主要就是南朝刘宋时期写成的神仙家小说《汉武故事》。那么，司马光依据的《汉武故事》一书为什么又要编排出这样一通汉武帝与戾太子之间的对立冲突呢？若不对此做出合理的解释，对司马光"制造"汉武帝的解析，显然还不够完满。

现在，我们面对的问题，开始变得更为复杂。这就是从总体上来说，已经脱离历史编撰的领域，进入文学创作的范畴——因为按照现代学者对古人著述形式的认识，南朝刘宋时期王俭撰著的《汉武故事》，是一部地地道道的文学作品，纯粹属于虚构。

分析文学作品的创作因缘，这是一个具有很大相对性的个人认识问题；分析一部一千五百多年以前的文学作品，时移世易，对那时的社会环境，对那个执笔写作的人，文献记载，都很有限，做出这样的分析，尤其困难。这更具有挑战性，也往往是不可能的。在今天，我们具体能不能做，首先是要靠你的运气和对相关知识的了解了：只有有迹可循，才能做出相应的解析。

在这一点上，我的运气还算不错，因平时胡乱读书，涉猎范围较广，在分析这一问题时，很自然地看到、想到了一些相关的记载。当然，作为历史研究者，材料的多与少，也是相对的。研究者首先要时刻怀揣知人论世的意念，要把这看作是自己的基本职责。不然的话，记载再多，再充分，你也很难看到它，并将其挖掘出来，加以利用。

透过《汉武故事》总体内容的"神仙家"属性，透过其创作时代的文化思潮，透过《汉武故事》作者王俭家庭的遭遇和个人的社会追求，我努力尝试解析王俭在《汉武故事》中写入相关内容的缘由。这部分内容，就是《制造汉武帝》的第五章：《刘宋时期另一场"巫蛊之变"与王俭塑造的戾太子形象》。

可以说，这是司马光"大构建"中套着的另一个"小构建"。通过对这一"小构建"的解析，可以更进一步地展示这一历史构建的复杂性。像这样一个多重组合的历史构建，在历史构建问题的研究中，典型性很强；特别是在秦汉魏晋南北朝时期的史事记述当中，是更难碰到的典型事例。我想，这样的努力，在同类研究中，是会有很大积极意义的。

一些读者，未能理解我的写作意图，误以为《刘宋时期另一场"巫蛊之变"与王俭塑造的戾太子形象》这一章是用来批驳市村瓒次郎和田余庆等学者的"汉武帝晚年政治路线转变说"。这完全不符合我的意图。我认为，只要认真阅读，也不可能在我的书中看到这样的逻辑关系。不仅是这一章，《制造汉武帝》全书，都是在探讨司马光的历史构建问题，这是我的著述宗旨，而不是着意驳难市村瓒次郎和田余庆等学术前辈的观点。

在学术探索的过程中，出现互不相同以至截然对立的观点是很正常的，即使对所谓"名家"的观点提出不同意见，也不值得大惊小怪。恕我直言，某些人、某些报章，抱着一种看狗打架的心态，瞪大眼睛聚焦我同市村瓒次郎和田余庆诸位先生的学术观点分歧，甚至采用市井流氓的手段恶意散布流言蜚语，这虽然会误导一些读者，但只是作者和刊发者心态的自我表曝，与我无关，也与《制造汉武帝》一书无关。排印新闻纸和编辑学术期刊有很大的不同，在他们那个行当里有一句名言：狗咬人不是新闻，人咬狗才是新闻。我没有疯，当然不会去咬狗。

作为一部文学作品，进一步深入分析，就会涉及《汉武故事》中汉武帝和戾太子形象的创作原型问题。本书的第六章《汉武帝谓戾太子不类己故事的原型》，是把眼光重新转归西汉，探寻这一复杂历史构建的实在原型，依然不是用它来论证司马光是否构建过汉武帝晚年的政治形象。这同样是一项具有很大相对性的个人认识。我脱离《汉武故事》王俭的时代而到《史记》《汉书》中去找寻其创作原型，是基于后人了解的西汉史事主要是这两部史书的记载，这两部史书的内容，在王俭其人的汉代知识构成中，占据了绝对主体的成分。

上面讲的《制造汉武帝》一书第五、六两章的内容，因为是通过历史分析来看文学作品创作过程中的主观因缘，自然无法像研究历史事件和历史时期的典章制度等问题一样，得到确切的证明。这就像我们探讨当代作家的文学作品一样，评论家讲的，是不是符合作家本人的真实心态和具体创作原委，这都是具有很大相对性的。所以，我说这不是用实证的方法就能够获取读者认可的，信与不信，更多地是取决于读者自己，而我只能是尽其所能，努力做出探析而已。当然，这并不意味着我自己没有把握，不意味着我自己也不相信自己的结论。

另一方面，这是对古代文学作品所做的历史分析，而不是讲什么"历史书写"问题，因为王俭在《汉武故事》中写的不是历史，它更接近"寓言"。借用北京市井土话来讲，王俭是在拿这些故事来"说事儿"。司马光有意把它移用于历史纪事，硬把它转换成实际发生的史事，是有其特殊政治目的的，二者是性质完全不同的两码事，不能相提并论。

只有准确理解上述著述宗旨和结构设置，才能合理理解《制造汉武帝》这部小书的内容，这一点，希望在座的各位对《制造汉武帝》感兴趣的同学以及其他所有读者都能够明白；至少能够认真阅读一下这本书前面的"撰述缘起"，先把它看明白了，明白我写的究竟是什么，再发表议论也不迟。不然的话，你评议的，可能根本不是我的意思，那只是你自己的话，与我，与我的小书，是没有任何关系的。

顺便说一句，《制造汉武帝》出版后，我看到有一些人发表议论说，司马光这样写《资治通鉴》没有什么不好的，这会给读者带来更好的影响；可以告诫后世君主，不要效法汉武帝，祸国殃民。其实这和我的研究是两个不同层面的问题，这是在谈历史著作的社会效用和"写历史"

的时候应当怎样写，而这个问题，比较复杂，三言两语，很难在这里说清。我想简单说明的是，就个人的政治态度而言，我是比较赞赏司马温公的，我也非常理解他在《资治通鉴》中所体现的政治立场，但是我写《制造汉武帝》，是在做历史研究，是要揭示历史的真相。这样的研究，借用余嘉锡先生讲过的话来说，就是"考证之学之于古书也，但欲考其文之真伪，不必问其理之是非"（《四库提要辨证》卷二三《岳武穆遗文》条）。

二、《汉武故事》的撰著时间及史料价值

如上所述，《汉武故事》的纪事，绝非信史；更准确地说，根本不是历史记载，只是文学创作。正是因为如此，南宋初年的吕祖谦和王益之，就断然否定并且摒弃了书中的纪事。从我在《制造汉武帝》一书中引录的佚文，读者也很容易看到其荒诞无稽的程度，明白它是决不能用作普通史料的。可是，司马光为了体现自己的政治追求，为此而构建符合自己期望的历史状况，竟刻意移用其中的内容，写入《资治通鉴》，"制造"出了一个悖戾历史真相的晚年汉武帝形象，还有汉武帝在临终前两年对治国路线的大转变。

这些情况，是由《汉武故事》的性质所决定的，本不因《汉武故事》的写作时间和具体作者而会有所改变，但颇有一些读者，或许是因为未能正确理解前面所讲的《制造汉武帝》一书后面两章的作用，从而就此大发议论，以为《汉武故事》的撰著时间不会晚至南朝刘宋时期，其作者也不是王俭；其中有些人甚至以为，这样一来，拙著也就失去了论证的基础，从而变得毫无意义。

人和人是不一样的。对后面这一类人，我无话可说，也不需要再讲什么。道理，这类人根本不会懂，但我相信，与之不同的另一类人会懂的。在这里，我想针对前面一类人对《汉武故事》成书时间和作者的疑惑，再和大家谈谈我的看法。因为这涉及我对《汉武故事》相关内容的解析，涉及撰著此书时的社会思潮与作者个人身世对书中相关内容的影响。

我认定《汉武故事》系南朝刘宋时人王俭的作品，最主要的依据，是晚近学者余嘉锡先生的研究结论。

一些人在根本没有读过余嘉锡先生的论述、甚至根本不知道余先生是何许人也的情况下，随便看一两眼时下某某人写的什么东西，就放胆发表自己的"看法"，以为敝人认定王俭为《汉武故事》的作者，这根本不能成立；甚至还有人说什么我没有参照他看过的某某人的所谓"成果"，是不管别人做了什么新的研究，是不符合所谓"学术规范"，等等。

对于这些人的看法，我想先转述一个晚明文人张岱讲过的故事，内容如下：

> 昔张公凤翼刻《文选纂注》，一士夫诘之曰："既云'文选'，何故有诗？"张曰："昭明太子所集，与仆何与？"曰："昭明太子安在？"张曰："已死。"曰："既死，不必究也。"张曰："便不死，亦难究。"曰："何故？"张曰："他读得书多。"（张岱《琅嬛文集》卷一《一卷冰雪文后序》）

梁昭明太子萧统在《文选》中编录诗赋等多种文体的篇章，是因为

"文"可以兼该诗等一切体裁的文辞，只有不读书、没文化的所谓"士夫"才会发出这么傻、这么蠢的疑问。张凤翼先生告诉这位傻瓜蠢蛋，昭明太子"读得书多"，所以就是活到今天，你也不能去究问他的做法有什么不妥，这实际上是在讲像这样一个根本不读书的傻瓜蠢蛋，是没有资格来谈论这些问题的。

在目录学研究方面，余嘉锡是一位空前绝后的大师。这是一位的真的真的大师，不像现在那些硬靠学生吹捧出来的假货。至少在我有生之年，以及根据目前世界学术界的状况来做推论，是没有什么人能够超越他的研究水平的。他有宽厚而又坚实的基础，有通观的眼光，这都是其他学者很难具备的素养和能力。我想，要是有什么人真的关心这一问题，想了解其中的原委，最好还是先仔细读一读余嘉锡先生的论述再来发表意见为好。不然的话，让明眼人看起来，恐怕很像是张凤翼曾经遇到过的那位"士夫"一样呆傻，用过去学人文士常用的话来讲，就是难免令人齿冷。

余嘉锡先生的论述，见于所著《四库提要辨证》。这是文史研究中最基本的书籍，感兴趣的人，自会覆按，而不想读书求知的人，你拿给他看，他也不会稍一展读，故毋庸在此赘述。我想稍加说明的是，虽然我非常敬重余嘉锡先生的学术造诣，但从未把他当作神来看待。水平再高，他也是人，而在学术研究中，是人就会犯错误；况且水平高的学者一旦出错，性质往往还会更加严重。所以，我并不是盲目采信余嘉锡先生的观点，自己是做过相应的审辨的。

首先，如同余嘉锡先生所指出的那样，王俭，是见于史籍记载最早的作者。唐朝人张柬之最先谈到此书作者，乃谓"王检（俭）造《汉武故事》"。余嘉锡先生以为，这样的说法"必自别有据依，断非凭虚立说"。没有办法，张柬之出生的时间确实比现代人早很多，能看到很多后人看不到的书籍，能看到《汉武故事》散佚之前的原貌，看到原本上题写的作者姓名，而在没有其他强硬证据的情况下，依早出者为是，这是治史的一项基本原则，也是判定古书作者和成书年代的基本原则。

第二，王俭为南朝刘宋至萧齐间人，卒于南齐开国未久之时，而最早引述《汉武故事》的书籍，是梁刘孝标的《世说新语注》以及与之约略同时的北魏郦道元著《水经注》，正紧密接续于王俭的时代之后。这一点，验证了张柬之的说法是完全符合历史实际的。

第三，从中国古代小说的总体发展历程来看，日本学者盐谷温、中国学者周树人（鲁迅）等人，都早已指出，像《汉武故事》这一类"汉人小说"，无一不是"晋以后人之托汉"。这是从内容、文笔两方面的基本特点所做的概括总结，是从大处着眼所把握的时代特征，而王俭撰著《汉武故事》，与这一时代趋向恰相符合。又《汉武故事》原书虽久已失传，但详观今日所见佚文，亦正属东晋南朝神仙家盛行时期的内容，同样契合王俭所处的时代。

上述几点，本来我在《制造汉武帝》一书中都有清楚的表述，无奈一些人随便看到那么一两种时下学者轻浅的说法，既不认真阅读拙著，也不做任何分析考辨，就信口表态，指斥拙说不能成立。余嘉锡先生的观点不一定都正确无误，我的看法，更难免错谬，这个问题仍然可以继续探讨，但要想对王俭撰著《汉武故事》一说加以否定，需要对余嘉锡先生的观点和敌人的看法做出具体的批驳，而如上文所述，这些断然否定敌人看法的人，却完全不对我的具体论证做出任何辨析，就悍然挺身亮相。对待严肃的学术问题，这样的做法，实在轻率，甚至可以说过于轻浮。

尽管如此，今天，我还是愿意在这里对其中比较有代表性的说法向大家适当说明一下自己的态度。

在这些否定拙说的人当中，有人根据一些概述性书籍列举的研究成果，谓潘岳《西征赋》中"厌紫极之闲敞，甘微行以游盘，长傲宾于柏谷，妻睹貌而献餐"云云数句，是化用《汉武故事》讲述的刘彻微行柏谷故事，从而说明西晋时人潘岳已见有《汉武故事》，故其书最迟也是汉魏之际的建安正始间人所著，绝不会晚至南朝刘宋时期。

今案唐朝人李善笺注《文选》，最早引述《汉武故事》来笺释《西征赋》上述文句，但这并不意味着潘岳写作此赋时就一定是借用《汉武故事》的记述。因同类故事流传于世，固非一定仅仅见载于《汉武故事》一书，这一时期散佚的古书还有很多，而且我们可以明确看到，《汉武故事》中有的内容的渊源早于王俭的时代很多。

对此，我在书中已经做过清楚的论述。例如，书中述及长陵徐姓女子延君事，竟明白记有"至今上元延中已百三十七岁"云云的话语，俨然汉成帝时人口吻，但这只能说明王俭在撰著《汉武故事》时采录了一些更早来源的信息，而不能据此将《汉武故事》视作成帝时期的作品（案今亦有人做出这样的论断，我在《制造汉武帝》书中已经对相关论述做出了说明）。其实余嘉锡先生早就注意到这条材料，并做出了合理的解释。

明白了这一点，就很容易理解，潘岳写作《西征赋》时，同样可能是利用了这样一类素材，对此本不值得大惊小怪。

最后，基于前文提到的我对余嘉锡先生在历史文献学研究方面的权威性地位，我想在这里再补充摘录一段余嘉锡先生对《汉武故事》这一类"小说"的源流衍变及其史料价值的具体阐释：

> 方士说鬼，文士好奇，无所用心，聊以快意，乃虚构异闻，造为小说也。……谶纬之与小说，方技之与神仙，相为因缘，亦已久矣。及至魏、晋之后，六经告退，庄、老方滋，风尚浮华，文词靡丽，于是不经之书，杂然并作。观《洞冥》托之郭宪，《拾遗》造自王嘉，并皆方术之流，故多荒唐之论。……盖此二书，凡所纪述，并杜撰无稽，凭虚臆造。……爰逮齐、梁，人矜博洽，诈伪之作，其流实繁。或假托古书，或虚造新事，但可用作谈资，不当认为信史（《古书通例》卷二《明体例·古书多造作故事》）。

王俭撰著的《汉武故事》，正处于上述"诈伪之作，其流实繁，或假托古书，或虚造新事"的齐梁时期，读其书者自应但用作谈资而绝不宜将其认为信史，这就是我从余嘉锡先生那里学来的对《汉武故事》一书的基本态度。自己才疏学浅而又墨守成规，不敢妄谈其它。

三、汉武帝晚年是否改变国家的政治路线

前面第一部分已经谈到，尽管在揭示司马光如何构建汉武帝晚年政

治形象时不可避免地触及汉武帝晚年是否改变治国路线的问题，但这并不是《制造汉武帝》一书的核心内容；或者说，这并不是《制造汉武帝》的主线，汉武帝晚年政治取向的真相，只是在解析司马光如何构建史事的过程中所举述的一个典型事例而已。我的著述宗旨，更不是着意驳难市村瓒次郎先生和田余庆先生等前辈学者。

虽然在阐述我的著述宗旨的过程中，同样不可避免地对市村瓒次郎先生和田余庆先生等学术前辈的观点提出了不同的意见，但关注的核心问题，是他们依据司马光人为构建的汉武帝形象立论。这样得出的研究结论，犹如海市蜃楼，在那些崇信者的眼中，看起来或许很美，实际上却是一种虚幻的景象。

拙著刊布后，一些人踊跃表态站队，亮明力挺田余庆先生的态度，同时自视是在批判敌人的看法，坚持认为汉武帝晚年对其治国路线做出了根本性转变。

对此，首先需要原则性地做出如下两点说明。

第一，在这些持不同意见的学者当中，仍有个别人坚信《资治通鉴》载录的相关内容都是信史，坚信司马光移用《汉武故事》是一种质实审慎的做法。对此，我只能重复我在回答《澎湃新闻》记者提问时讲过的一句话：这是一个最基本的史料学问题；也就是说，这是一个跨入学术门坎就必须明白的基本常识。假如你非信不可，那么，对于我来说，已经失去所有对话的基础，再讲什么，都没有意义，你信就好了。

第二，更多的人，以为即使没有《通鉴》的记载，田余庆先生的观点，依然成立。这些人认为，汉武帝晚年确实像田余庆先生所讲的那样，改弦更张，对治国路线做出了根本性转变。对此，我想说明的是，这只能表明你的看法，而与你所要维护的田余庆先生的观点没有丝毫关系。至于极个别的人，旗帜鲜明地表明自己是坚定地站在田余庆先生一边，那就去和忠心捍卫老师学术观点的田门弟子（假如有这样的学生的话）讲好了，这对我并没有什么意义。

田余庆先生《论轮台诏》一文的基本脉络是：在元封年间，形势已经促使汉武帝产生了转变治国路线的需要，而田先生指认的汉武帝本人对这一形势的认识，是《资治通鉴》利用《汉武故事》写就的汉武帝与卫青的对话，田余庆先生说汉武帝此语是出自"郑重思考，而不是敷衍之词"。在既然早已"郑重思考"此事的情况下，又为什么迟至征和末年临死之前才颁下轮台之诏，确认由兴利尚功向所谓"守文"的转向呢？田先生认为，是汉武帝和卫太子之间的两条路线斗争延误了政策的转向，而这种两条路线的斗争，同样仅见载于《资治通鉴》迻录的《汉武故事》。在此基础上，田余庆先生又把《资治通鉴》中根据《汉武故事》写出的征和四年三月汉武帝颁下"丑诋"自己的所谓"诏书"，视作"汉武帝'罪己'的开端"，从而才会在"是年六月就有轮台之诏"，二者实乃密不可分，"为一事的重申"。

清楚上述情况，便很容易看出，田余庆先生阐述的汉武帝晚年政治路线的转变，是以《资治通鉴》录自《汉武故事》的纪事作为极其重要的基础的。若是抛开这一点不谈，那就不是田余庆先生的观点，只是那些私心笃信自己是田余庆先生忠实信徒的人所偏执的意念。

好了，这本来就不是田余庆先生的观点，也不是司马光书写的汉武帝，那么，这些人怎样看待汉武帝晚年的政治取向问题，至少到目前为止，我并不关心；他们就我的文章而谈论的这些话题，虽然目标直接指向我的身上，但在我看来，与我本人的学术观点也是风马牛不相及的事儿。有人愿意谈，那只是谈他自己的观点，想谈，谈就好了，这既然不是敌人提出的问题，我自然也就没有必要专门就此作答。不是不让讨论，是你自以为是针对我的论述所提出的问题，实际上与我的论述完全无关，而我现在对你谈论的问题一点儿也不感兴趣，自然无意参与其中，对你的问题进行讨论。

除了上面两种情况之外，还有很多人在阅读《制造汉武帝》后，思索《汉书》等可信文献的记载，单纯地对汉武帝晚年的治国路线是否发生过重大改变也产生一些疑惑，或是得出了与敌人不同的看法，因而希望我能够就此再做些说明。

对这一问题，我认为《制造汉武帝》一书，已经做出了很充分的论证，实在没有必要再多缀加笔墨。另外，过去我在回答《澎湃新闻》记者提问时也对此做了进一步的说明（在我的文集《祭獭食跖》中收录了这篇采访的内容）。在这里，我想再重复一遍在《制造汉武帝》书前的"撰述缘起"里讲过的话：

我论证汉武帝晚年并没有司马光所期望的政治路线转变，并非仅仅是由于《汉武故事》不可信据，更重要的依据，是《汉书》和《盐铁论》等基本史籍的记载，与此都存在严重冲突。

稍微有些复杂的是,有人对《汉书》相关记载的解读,与我有很大差别。这是个大问题,从大处着眼,看起来会更明晰,而对这些具体的纠缠,没有必要多费笔墨。在这里,我想有必要再强调一下《盐铁论》对说明这一问题的意义。

昭帝始元六年二月召开的盐铁会议,是霍光为了打击在外朝实际施政的车千秋和桑弘羊而蓄意谋划的。在这次会议上,来自全国各地的贤良、文学,对当时正在全面施行的汉武帝既定国策(如桑弘羊在盐铁会议上所说:"君薨,臣不变君之政。")做了猛烈的抨击,涉及内外治国方略的方方面面,而且直接溯及汉武帝在世时期的国政。

面对这些贤良、文学的放肆攻讦,我不禁要问:假如像田余庆先生等人理解的那样,汉武帝在其晚年对治国路线做出了一百八十度的大调整,大汉王朝已经由兴利尚功全面转向"守文",那么,这些贤良、文学何以还会没事儿找事儿地大放厥词?难道他们都同时精神失常以致发疯乱咬吗?为应对这些攻击,桑弘羊又何必不嫌辞烦,尽奋一人之力滔滔不绝地舌战群儒?他只要讲一句"先帝业已罪己改过",不就足以斥退这般无的放矢的胡话了吗?

答案很简单,汉武帝的祸国殃民路线是一以贯之,至死未休的。知道自己要死了,也还要安排忠实执行既定国策的接班人接着来祸害苍生百姓,凡是自己定下来的,都要按既定方针办,一样儿也不能改。在中国历史上,这样的事情,恐怕不止出现过这么一次。

我觉得,该论证的,我都已经做了清楚的阐述。在论述过程中,小的疏失是有(就这些具体问题而言,我衷心感谢所有指出拙著错谬的人,

《制造汉武帝》一书若有机会再版重印的话，我会尽量吸取这些批评意见，改订拙作），但到目前为止，我还没有发现需要更改乃至放弃自己基本观点的理由。

至于别人怎样看，读者接不接受，那都不是我的问题了。我尊重所有人思考的权利和根据自己的思考所做出的判断，也不希求任何人一定要接受我的看法，但我也没有义务非接受别人的看法不可。

本月初我在浙江大学历史系做学术讲座时，一位很喜欢中国古代历史的律师朋友当众向我讲述说，他是认真阅读过《盐铁论》的，从中丝毫看不出汉武帝晚年改变治国路线的迹象。他不明白，为什么有些人就看不明白这一点？我告诉他，人和人的交流本来就是很难的，这在很大程度上是由于人的生理差异所决定的。所以，没有必要强求和不能交流的人交流。

另外，还有人谈论所谓《汉书》的"历史书写"与汉武帝晚年是否转变治国路线的关系，而观其所论，类皆游离于班氏之书以外，给人以为谈"历史书写"而强说"历史书写"的感觉。恕我愚钝，对于这样的议论，我只能借用顾炎武针对明后期以来言心言性者所说的一句话，来表达自己的看法，即这样的论述已超出于敝人的理解能力之外，故"我弗敢知也"（《亭林文集》卷三《与友人论学书》）。若是一定要讲班固对汉武帝一生政治路线的认识的话，那么，我认为《汉书·武帝纪》不载"轮台诏"而篇末复有评语说武帝若能"不改文景之恭俭以济斯民，虽《诗》《书》所称，何有加焉"，这就已"书写"清楚：终其一生，汉武帝一直劳民伤财不已，绝无改弦更张的政治路线转折。

附带说一下，有一些学者在汉武帝晚年政治取向问题上对拙说虽基本赞成，但却以为汉武帝晚年对内政虽无改变，对外用兵方面却做了很大调整。我认为，汉武帝晚年对外用兵作战虽然大体停歇，但这并不意味着他在这一点上对国家的施政路线做出了根本性改变。这是因为历史时期中原政权对外侵略扩张领土在地理上是有极限的，汉武帝的侵略扩张也是有自己既定目标的（元封三年制作的"惟汉三年，大并天下"瓦当，是汉武帝业已实现既定目标的一项重要标志），汉武帝晚年不仅已经实现了自己拟定的领土扩张目标，而且也已最大限度地抵达了这一可能的极限，是几乎无处可以继续用兵，绝不是因与民休息而不想用兵。这一点，仅仅看一下《盐铁论》中直接关涉对外用兵的《地广》《备胡》《西域》诸篇，就可以看得一清二楚。

最后再指出一点基本事实，供同学们参考：若仅仅就汉武帝晚年是否对治国路线做过根本性转换这一点而言，在整个国际学术界范围内，田余庆先生所持转换说，实际上是日本学者市村瓒次郎先生早已提出的观点，并不是田先生的新发现，而在另一方面，这又是一个被日本的东洋史学界早已抛弃的陈旧观点。各位同学大多是学自然科学的，以大家所接受的科学素养来判断，这究竟意味着什么，相信同学们都能够理解。其实，这也正是我撰写《制造汉武帝》一书时并没有单纯、直接地针对田余庆先生这一观点提出问题的一项重要原因，即就整个国际学术界的认识而言，应当说本来早已超越了这样的认识。

四、历史研究也是一门科学

各位同学，上面讲述的关于《制造汉武帝》的问题，一些学者提出的不同看法，实际上还涉及一些历史学研究的基本问题。我想在座的大多数人，虽然对历史都很感兴趣，但对历史学研究的性质和方法并不一定都很熟悉；甚至对于更多的人来说，可能是很陌生的。其实这也不怪大家多是学习理工科的，和历史学的学科距离比较远，而是它本来就很不清楚。

刚才一开头我就说了，我本来和各位同学一样，在大学本科也是学习理科的，后来从事的专业，叫"历史地理学"。今天中国绝大多数专攻此道的学者，也把"历史地理学"划归地理学的范畴，而且其中一些具体问题，在很大程度上需要主要依赖自然科学手段或是紧密结合自然科学手段才能解决。所以，我的学科出身和主要从事的专业研究，都和自然科学较为亲近。

不过我现在具体研究的问题，更多的是采用很传统历史学方法，切入问题的角度，也更具有历史学的特色。这一点看上去似乎很清楚，可实际上却不那么简单。这是因为从本质上讲，历史学者对自己所从事的这一学科的认识，要比像理工科这样的自然科学工作者复杂得多。

有相当一批学者认为，历史学不是科学，而是一门艺术。既然是艺术，研究的结果也就不存在是非正误，研究者所强调的和旁观者需要评价的，只是构思、创意和手法的高下优劣。历史学界有数量众多的一大批人，开口闭口大谈特谈什么研究的结论对错并不重要，甚至错成啥样都没有关系，重要的是你的研究思路要能与众不同，要能够独辟蹊径，这才是对学术最大的贡献，这才是个中高手。我认为，在实质上这就是把历史研究艺术化，是在用艺术创作的标准来评判学术。

例如，我的老师黄永年先生，对陈寅恪先生很多观点都提出了否定意见，而颇有那么一些人，说什么黄先生即使批评得对，也跳不出陈寅恪先生手掌心，也就是没有超越陈寅恪先生所提出的问题，终归还是提出问题更加重要。我在论证司马光构建汉武帝晚年政治形象的时候，对田余庆先生的看法提出了否定的意见，同样有人说，即使田余庆先生的结论错了，那他文章的思路也是具有重要创见的。

我对历史学科性质的看法，与此不同。我认为历史学也是一门科学。从本质上讲，历史学研究是同理工科一样的科学。在科学研究的过程中，从来就没有神，想造也造不出来神，只有踏踏实实的工作，而在具体的工作中谁都可能出错，是人就会出错，这是不可避免的。我们不能仅仅依据某一具体结论的对错来评判研究者学术水平的高下，但错了就是错了。虽然一项严谨的探索，错误的结论，也可以告诫后来者此路不通，这也是有积极意义的贡献，但世上绝不存在伟大的错误。一项历史学的研究成果，若是出现严重的失误，必然是在研究的基础、方法等方面存在很大的问题。坦诚面对这些问题，认真汲取教训，才能切实推动学术的进步。况且对于一位真正的学者来说，从事学术研究的目的和价值，是切实解决一些疑难问题，而不是像黑社会一样争老大、抢地盘，非要标榜自己或是自己膜拜的某人一定要比别人高明不可。

即以研究的基础而论，历史学研究的一个重要基础，就是丰富的史料学的知识。这是一项看似简单而实际上需要终生努力以不断提高的基本素质。疏忽这一点，就很容易犯下错误。就秦和西汉的历史研究来说，如前面所谈到的，文献学造诣深厚的黄永年先生一贯认为，在传世史料中，除了《史记》《汉书》这样的基本典籍之外，《资治通鉴》这一时段的纪事，并没有采录我们今天看不到的可信史料——这就是研究相关史事最最一般的史料学基础，研究者若是充分了解并掌握了这一点，就不会误信司马光蓄意构建的汉武帝史事，而中国自清代乾嘉时期以来的历史研究传统，即特别强调治史者必须首先具备这样的基础知识和相应的考辨分析能力。这一研究方法，也最好地体现了中国传统史学研究的科学属性。

另一方面，历史学既然是一门科学，就如同所有科学研究一样，其研究结论，必须通过检验，要能够经得起检验。清代乾嘉学者所强调的"实事求是"，所谓"无征不信"，实质上讲的就是这一点。与自然科学的实验方法不同的是，检验一项历史学研究成果最基本的手段，就是要通过史料的验证。

实际情况比较复杂的是，相关史料之间有时会出现不同程度的抵牾，而且不同学者对同一史料往往会有不同的解读，但这仍然有一套分析考辨的办法，有一定的客观标准。即以汉武帝晚年是否改变治国路线这一问题而论，如前所述，我认为《盐铁论》的记载，是最重要、最基本的史料依据，如果说汉武帝晚年的治国路线有过根本性的重大转折，那么，就通不过《盐铁论》的检验，这样的认识就不能成立。

道理就这么简单，一点儿也不难理解，只是在具体的研究实践中，需要首先具备良好的史料学素养，才能在研究过程中，随时衡量好自己对史事的判断是否能够符合各项基本史料所限制的条件，这也就是前面所说史料学的基础。

历史学研究科学性的另一体现，是需要展示论证的具体细节，同时还要一一注明其史料出处，不能随意省略哪一个论证的环节，也不能不告诉读者你的史料依据。在我看来，历史学研究过程中每一个具体的论证环节，每一处论证的细节，亦即犹如理工科研究过程中一个个实验的步骤，一个个具体的实验数据。因而，对于一项严谨的研究来说，在其表达形式中，一定要尽可能体现这些内容。只有这样，人们才能准确地把握其研究路径并具体覆核其每一道研究程序，以有效地审辨其是非正误。

我们理工科的人看历史学界的研究状况，会发现一个与理工科有很大不同的现象，这就是好像历史学界很多人都能看懂那些非常专门的高端研究成果，而这在理工科却是很难做到的。在理工科，通常大多数未曾从事同样课题研究的人，只能依赖很少那么几个专家的判断，要看文章发表在什么等级的专业刊物上（附带说一下，中国历史学界的所谓"顶级"刊物，经常发表垃圾文章，这也与理工科的学术刊物有很大不同），需要等待具备相应资质的实验室对其加以检验。

其实，历史学的研究与理工科并没有什么不同，大多数人只是觉得自己看懂了而已。历史学界颇有一些众人拍案叫绝的研究成果，在未曾核对史料加以验证之前，相当一大批旁观者通常并不了解其具体研究过程是否存在问题，看着觉得差不多，或是出于对研究者名声、地位的崇信，相信他不会在具体的论证环节上出错，尤其绝不可能出现这些膜拜者万万意想不到的低级差错。

逐一展示论证的各个环节，才能给读者提供检验核实的路径。明白了这一点，我想同学们也就能够理解了：作为一门科学，历史学中一个正确的研究结论，同样是可以依据研究者的路径重复实现的，而错误的结论，显现的结果，必然是"此路不通"。

与我主张的这种论证方式相反，我们可以看到，一些学者在撰写历史学论著时，在表述的形式上，特别追求文字的简省，特别强调所谓畅达易读，为此而省却对具体细节的证释。我认为，从实质上来说，这是在以通俗读物、也就是科普读物的标准来写专题研究报告；或者说这更像是讲演稿的写法。但是，若非已经有充实可靠的先行研究和具体的阐释作基础，这样的通俗读物或讲演稿是没有多大学术意义的。

专题的历史研究论著，若是过于求简，只在意宣布自己认识的结果，而不向读者讲清楚论证的具体过程，刻意追求让一般读者而不是真正的专家读起来觉得畅快，往往会造成很严重的问题。譬如，我在研究中国雕版印刷术起源问题时遭遇的英国学者巴雷特，就是这样，其绝大部分论述都不交待史料出处，缺乏对各个环节间逻辑关系的说明，几近于信口开河。

必须指出的是，至少在中国古代史研究领域，事实上并没有什么像相对论那样常人不易想到的问题，也不需要什么离世脱俗的想象。因为古人也都是肉眼凡胎，所做所为也是首先基于饮食男女的日常生活。别的学者不随意乱讲，不一定是因为智力低下想不到；至少对于我本人来说，我觉得，在历史学研究中，只提出问题而不解决问题，或是随便胡说几句就以为自己解决了问题，这是没有任何意义的。说历史学是实证的科学，可能很不全面，很多人也都不能接受，但我认为，只要还把对历史问题的探究看作是一种科学研究，就必须承认，历史学研究首先要具备充分的实证基础。

我写《制造汉武帝》，探讨司马光构建汉武帝晚年政治形象问题，研究的实质内容，虽然不是简单的是非考证，但却是努力把整个论证过程建立在尽可能扎实的史料分析和史实判定基础之上。一些人可能觉得论证的过程过于繁琐，因此，在这里谈谈我对历史学研究的一些基础性认识。我知道，这些认识，不一定能得到很多同仁的认同，只是希望读者能够了解这一点，以便更好地理解我的论证方式和表述形式。

上面就是我向各位同学讲述的内容。下面，各位有什么不同的看法，或是有什么疑问，我愿意在这里和大家交流。

谢谢各位同学。

2017 年 5 月 20 日晚讲说于南京工业大学浦江报告厅